# 복음 안에 들어가기

# 복음 안에서 들어가기

교회 인가 | 2020년 6월 5일 서울대교구
발 행 | 2020년 9월 29일 (1판 1쇄)
　　　　2022년 5월 25일 (1판 2쇄, POD)
저 자 | 미겔 돌즈
옮긴이 | 변승우
펴낸곳 | 재단법인 동아시아국제교류재단(EAIEF)
펴낸이 | 정진호

책임 편집 | 반유성
표지 디자인 | 김준성
편집 및 내지 디자인 | 조성은

출판사등록 | 2014.07.15(제2014-16호)
주 소 | 서울 특별시 영등포구 선유로 27 716호
전 화 | 02-785-3658
이메일 | info@eaief.or.kr
ISBN | 979-11-970578-4-7 (03230)

이 도서의 국립중앙도서관 출판예정도서목록(CIP)은 서지정보유통지원시스템 홈페이지와
국가자료공동목록시스템에서 이용할 수 있습니다.
(CIP 제어번호: 2020040962)

# 복음 안에
# 들어가기

지은이 미겔 돌즈
옮긴이 변승우

EAIEF

# 저자 소개 미겔 돌즈 신부

미겔 돌즈 (Miguel Dolz) 신부는 1954년 스페인 출생으로 발렌시아 대학교에서 문학과 철학을 전공한 후 팜플로나 신학대학원을 졸업하였다. 이후 1982년 성 요한 바오로 2세에 의해 사제서품을 받았고, 이후 오푸스데이 성직자치단 사제로 사목하고 있다.

1987년 이후 밀라노와 로마에서 "Faes" 학교의 담당 사제로 활동하며 많은 교육과 훈련과정을 지도하였다. 2002년부터 로마 교황청 성십자가 대학의 그리스도교 미술사의 교수직을 맡고 있다.

또한 브레라의 미술 아카데미, UCAI (Unioni Cattolica di Artisti Italiani), 밀라노 대교구 교구청 등 여러 기관에서 강의를 하였다. "Avvenire", "Communio", "Studi Cattolici" 및 "Il Domenicale"의 공동 편집위원으로도 활동 중이다.


## 옮긴이 소개 변승우 베드로

서울대학교 독어독문학과를 졸업하고 가톨릭평화방송 보도국 기자, 가톨릭평화방송 TV PD, TV 국장 등을 역임하였다. 현재 자유기고가로 활동 중이다.

# 복음 안에 들어가기

# 서문

"우리는 예수님에게서 배워야 합니다. 여러분이 발을 헛딛지 않고 방황하지 않으려면 주님께서 걸으신 길을 그분 발자국을 따라 그대로 걸어가야 합니다. 예수님의 겸손하고 온유하신 마음으로 들어가 그분의 계명과 사랑의 샘에서 생명의 물을 마셔야 합니다. 한 마디로 말하자면, 여러분 자신을 예수 그리스도와 일치시키고, 여러분 동료 사이에서 실제로 또 하나의 그리스도가 되려고 노력해야 합니다."[1]

그리스도와의 일치는 호세마리아 성인이 전한 모든 가르침의 핵심이자 시작인 동시에 끝이라 말할 수 있습니다. 그리스도는 그야말로 사랑이시며, 또한 모든 것이십니다. 그러므로 우리는 더욱더 그분을 잘 알고 있어야 하고, 예수님과 함께 우리의 일상과 앞으로의 삶을 살아야 하며, 예수님과 더불어 그분께서 사셨던 역사적인 삶을 살아야 합니다. 다시 말해, 복음 안으로 들어가야 합니다.

---

[1] 하느님의 친구들, 128.

"만일 여러분이 복음서의 말씀들을 통해 우리 주님께 가까이 가고 싶다면, 제가 늘 권장하듯이 여러분 자신이 그 장면에 등장하는 또 하나의 인물처럼 되어야 합니다. 이렇게 함으로써 (그리고 이렇게 살아가는 많은 보통 사람들을 제가 압니다.) 여러분은 마리아처럼 예수님의 말씀 한 마디 한 마디에 귀를 기울일 수 있고, 마르타처럼 아무리 사소한 일일지라도 진지하게 마음을 열고 자신의 걱정을 예수님께 담대히 말씀드릴 수 있을 것입니다."[2]

복음서의 여러 장면에 관해 앞으로 이어질 해설은 예수님 삶의 신비를 떠올리게 합니다. 이는 모두 호세마리아 성인의 저서에서 가져온 해설들입니다. 호세마리아 성인의 성경 해설은 완벽함이나 명쾌함을 뽐내기보다는 성인께서 평소에 강조하셨던 복음을 묵상하는 방법을 우리에게 전해주고 있습니다.

---

2 같은 곳, 128

# 주님의 탄생 예고 (성모 영보)

**"여섯째 달에 하느님께서는 가브리엘 천사를 갈릴래아 지방 나자렛이라는 고을로 보내시어, 다윗 집안의 요셉이라는 사람과 약혼한 처녀를 찾아가게 하셨다. 그 처녀의 이름은 마리아였다."**
**(루카 1, 26-27)**

"친구여, 우리는 하느님의 자녀들이란 사실을 잊지 마십시오. '마리아'라고 하는 이 감미로운 이름의 우리 어머니께서는 지금 기도에 잠겨 계십니다. 여러분은 지금 마리아의 집에 있습니다. 마리아의 친구이든, 하인이든, 구경꾼이든, 이웃이든, 누구든 여러분이 원하는 사람으로 그 집에 있는 것입니다. 제가 만약 그 순간에 마리아의 집에 있었다면 감히 누구도 되려 하지 못했을 것입니다. 저는 여러분 뒤에 숨습니다. 저는 두려움에 가득 차서 대천사가 하느님의 말씀을 전하는 그 장면을 묵상합니다… '두려워하지 마라, 마리아야. 너는 하느님의 총애를 받았다. 보라, 이제 네가 잉태하여 아들을 낳을 터이니 그 이름을 예수라 하여라.'(루카 1,30-31). '저는 남자를 알지 못하는데, 어떻게 그런 일이 있을 수 있겠습니까?'(루카

1,34). 우리 성모님의 목소리를 들으면서 제 머릿속에는 이와 반대
되는, 제 자신을 포함한 인간들의 온갖 불결함이 떠오릅니다. 이 세
상의 저속하고 비열한 현실을 얼마나 혐오해야 할까요! 얼마만큼의
결심을 해야 할까요!"[1]

　　"우리의 어머니이신 성모님은 하느님 은총에 응답하는 본보
기와 같은 분이십니다. 만일 우리가 성모님의 삶을 깊이 묵상한다
면, 주님께서 우리에게 일상생활을 거룩하게 만드는 데 필요한 은
총을 내려주실 것입니다. 무엇보다 먼저, 성모님의 사랑을 배웁
시다. 사랑이란 그저 좋은 느낌만을 가지는 것이 아닙니다. 진정
한 사랑은 먼저 우리의 대화에서, 무엇보다 우리의 행동에서 그
길을 찾아야 합니다. 성모님께서는 맹목적으로 '그대로 이뤄지소
서'라고 말씀하신 것이 아닙니다. 성모님께서는 모든 순간에 확
고하면서도 되돌릴 수 없는 결정을 하셨고, 이를 실천하셨습니
다. 우리도 그래야만 합니다. 하느님의 사랑이 우리에게 전해지
고, 하느님께서 원하시는 것이 무엇인지 우리가 알게 될 때, 우
리는 우리 자신을 온전히 다 바쳐서 그분께 충직하고 충성스러
운 사람이 되어야만 합니다. 진심을 다하여 그래야 합니다. 왜냐
하면 '나에게 주님, 주님! 한다고 모두 하늘나라에 들어가는 것
이 아니다. 하늘에 계신 내 아버지의 뜻을 실행하는 이라야 들어
간다.'(마태 7,21) 라고 그리스도께서 말씀하셨기 때문입니다.

---

[1] 거룩한 묵주기도, 환희의 신비 1단.

우리는 성모님의 자연스러우면서도 초자연적인 품위를 닮아야만 합니다. 그분은 구원의 역사에서 특별한 역할을 하셨습니다. 왜냐하면 성모님으로 인하여 '말씀이 사람이 되시어 우리 가운데 사셨기' 때문입니다. (요한 1,14) 성모님은 자신을 드러내시지 않는 침묵의 증인입니다. 당신 자신의 영광을 추구하지 않으시고 결코 칭찬받기를 원하시지 않으셨습니다. 당신의 어린 아드님을 둘러싼 신비에 언제나 함께하셨지만, 그러한 신비들은 말하자면 '눈에 띄지 않는' 신비입니다. 거대한 기적들이 일어나고 군중들이 놀라 환호할 때, 그분은 어디에서도 눈에 띄지 않았습니다. 그리스도께서 작은 나귀를 타고 예루살렘에 입성하셔서 왕으로 추앙받으셨을 때, 우리는 성모님을 단 한 번도 발견할 수 없었습니다. 하지만 모든 사람이 도망가 버린 그때, 성모님은 그리스도께서 돌아가신 십자가 곁에서 모습을 드러내십니다. 성모님의 이러한 행동방식은 그분 개인의 위대함과 심오함, 그리고 영혼의 거룩함을 보여줍니다.

하느님께 순명하는 그분의 모범에 따라 우리는 맹목적으로 따르지 않으면서도, 섬세하게 하느님을 섬기는 법을 배울 수 있습니다. 우리는 성모 마리아에게서 아무 생각 없이 복종하는 어리석은 처녀의 태도를 전혀 찾아볼 수 없습니다. 우리의 성모님은 하느님께서 원하시는 바를 주의 깊게 들으며, 자신이 완전히 이해하지 못한 것에 대해 곰곰이 생각하고, 자신이 알지 못하는 것에 관해 물어보십니다. 그런 다음 하느님의 뜻을 이루는 일에 온전히 헌신하여 '이루어지기를 바랍니다.'(루카 1,38)라고 하십니다. 참으로 놀랍지 않습니까? 모든 것에서 우리 스승이신 성모 마리아께서는 여기서 우리에게 보여주십니다. 하느님께 순명하는 것은 굽신거리는 게 아니며, 우리 양심을 멀찍이 돌아가는 것도 아니라는 사실을 말입니다. 우리는 내적으로 깊이 감화되어야만 하고, 그럼으로써 하느님 자녀의 자유를 발견합니다." [2]

---

2 그리스도께서 지나가신다, 173.

# 주님의 탄생

"그들이 거기에 머무르는 동안 마리아는 해산 날이 되어, 첫 아들을 낳았다. 그들은 아기를 포대기에 싸서 구유에 뉘었다. 여관에는 그들이 들어갈 자리가 없었던 것이다." (루카 2,6-7)

"아우구스투스 황제가 칙령을 내려 세상 모든 사람들이 호적 등록을 하도록 했습니다. 그래서 모든 사람들이 자기 집안의 본적지로 돌아가야만 했습니다. 요셉은 다윗 집안의 자손이었으므로 동정 마리아와 함께 나자렛에서 베들레헴이라 불리는 유다 지방의 고을로 갔습니다. 그리고 베들레헴에서 우리 하느님이신 분, 예수 그리스도께서 태어나셨습니다. 여관에 방이 없었으므로 그분은 마구간에서 나셨습니다. 성모님께서는 예수님을 포대기에 싸서 구유에 뉘었습니다. 추위와 가난… 저는 지금 요셉 성인을 돕고 있습니다. 요셉 성인은 얼마나 선한 분인지 모르겠습니다. 그분은 아버지가 아들에게 하듯이 저를 대해주십니다. 만약 제가 아기 예수님을 끌어안고 오랜 시간 머물면서 아기에게 달콤하고 사랑스러운 얘기를 하더라도 그분은 저를 이해해 주실 것입니다… 그리고 저는 아기 예수님께 입맞춥니다. 여러분도 그분께 입을 맞춥니다. 저는 아기 예수님을 품에 안고 흔들며 노래를 불러드립니다. 저는 그분을 임금님이며, 사랑이시고, 저의 하느님이시며, 제 모든 것인 유일한 분이라고 불러봅니다."[1]

"그 고장에는 들에 살면서 밤에도 양 떼를 지키는 목자들이 있었다. 그런데 주님의 천사가 다가오고 주님의 영광이 그 목자들의 둘레를 비추었다. 그들은 몹시 두려워하였다. 그러자 천사가 그들에게 말하였다. '두려워하지 마라. 보라, 나는 온 백성에게 큰 기쁨이 될 소식을 너희에게 전한다. 오늘 너희를 위하여 다윗 고을에서 구원자가 태어나셨으니, 주 그리스도이시다. 너희는 포대기에 싸여 구유에 누워 있는 아기를 보게 될 터인데, 그것이 너희를 위한 표징이다.' 그때에 갑자기 그 천사 곁에 수많은 하늘의 군대가 나타나 하느님을 이렇게 찬미하였다. '지극히 높은 곳에서는 하느님께 영광 땅에서는 그분 마음에 드는 사람들에게 평화!'(루카 2,8-14).

예수 그리스도는 하느님이시며 인간이십니다. (Iesus Christus, Deus homo). 이것은 '하느님의 위업'(사도 2,11) 중 하나이십니다. 우리는 하느님의 이 위대한 업적을 되새기고, 또한 감사해야 합니다. 예수님께서는 '그분 마음에 드는 사람들에게 평화를'(루카 2,14) 주시기 위해 이 땅에 오셨습니다. 하느님의 거룩한 뜻이 일치하기를 바라는 모든 이들에게 평화를 가져다 주셨습니다. 부자들만을 위해서도 아니시고, 가난한 사람들만을 위해서

---

[1] 거룩한 묵주기도, 환희의 신비 3단.

도 아닌, 모든 사람들에게 평화를 주셨습니다. 그러므로 우리는 예수님 안에서 한 형제입니다. 하느님의 자녀입니다. 그리스도의 형제요 자매입니다. 예수님의 어머니인 성모님은 우리 모두의 어머니이신 것입니다.

　세상에는 오직 하나의 민족만 존재합니다. 바로 하느님의 자녀들이란 민족만이 있을 뿐입니다. 이에 우리는 모두 같은 언어로 말해야 합니다. 하늘에 계신 우리 아버지께서 가르쳐주신 하나의 기도 말입니다. 예수님께서 당신 아버지와 말씀하신 바로 그 기도. 그것은 바로 가슴과 마음에서 우러나오는 기도입니다. 즉, 지금 여러분의 기도 안에서 사용하고 있는 언어, 바로 관상의 표현입니다. 이 관상의 말들은 영성적인 사람들이 쓰는 언어입니다. 영성적인 사람들은 자신들이 하느님의 자녀임을 깨달았기 때문에 그런 언어를 쓸 수 있습니다. 관상의 언어들은 우리 의지의 수천 가지 움직임으로, 우리 마음의 명료한 통찰로, 우리네 가슴 속 애정과 도덕적 삶을 이끄는 우리의 헌신, 그리고 선함과 행복과 평화로 표현됩니다.

　여러분은 구유에 누워있는 '그 아이'를 바라봐야 합니다. 그는 우리의 사랑이십니다. 그를 바라보며 이 모든 것이 신비 (神祕)임을 깨닫습니다. 우리는 신앙으로 이 신비를 받아들여야 하며, 이 신비를 더욱 깊이 탐구하기 위해 우리의 믿음을 사용해야 합니다. 그러려면 우리는 그리스도인 특유의 겸손한 태도를 견지해야만 합니다. 우리 자신의 빈약한 관념과 인간의 사고에 꿰맞춘 설명으로 하느님의 위대하심을 축소하려 들지 맙시다. 이 신비야말로 세상의 모든 어둠에도 불구하고 인류의 삶을 인도하시는 한 줄기 빛이라는 사실을 깨우치도록 노력합시다."[2]

---

2 그리스도께서 지나가신다, 13.

# 나자렛에서의 생활

"예수님은 부모와 함께 나자렛으로 내려가, 그들에게 순종하며 지냈다. 그의 어머니는 이 모든 일을 마음속에 간직하였다. 예수님은 지혜와 키가 자랐고 하느님과 사람들의 총애도 더하여 갔다." (루카 2,51-52)

"예수님께서 우리와 똑같은 성장 과정을 겪고, 우리와 똑같이 생활했다는 사실은, 인간의 실존이, 사람들이 매일매일 살아가는 일상의 활동이 신성한 의미를 지닌다는 진리를 말해줍니다. 우리가 이 모든 것에 대해 얼마나 많이 성찰했건 간에, 우리에게 알려지지 않은 이 30년이란 세월을 생각할 때마다 놀라지 않을 수 없습니다. 그 알려지지 않은 시간은 우리 가운데 계시는 예수님의 삶에서 가장 많은 부분을 차지합니다. 당신께서는 드러나지 않는 삶을 사셨지만, 그 기간은 우리에게 빛으로 가득한 시간입니다. 드러나지 않은 예수님의 삶은 우리가 사는 나날들을 밝게 비춰주고 깊은 의미로 가득 채워줍니다. 왜냐하면 세상의 수많은 다른 사람들처럼 우리 또한 일반적인 삶을 살아가는 평범한 그리스도교 신자들이기 때문입니다.

그것이 바로 예수님께서 목수의 아들로 30년 동안 살아오셨던 길이 었습니다. 이후 3년간의 공생활이 이어졌고, 예수님은 그 기간을 군중 속에서 보냈습니다. 사람들은 깜짝 놀라서 "저분이 누구냐?", "저 사람이 어디서 저 모든 것을 얻었지?" (마태 13,56) 하고 물었습니다. 왜냐하면 예수님은 자신들과 똑같은 모습의 사람이었고, 평범한 사람들과 함께 생활을 공유해왔던 분이었기 때문입니다. '그는 목수 였고, 마리아의 아들'이었습니다. 그런데 바로 그분이 '하느님'이었던 것입니다. 그분은 인류를 구원하셨고, 모든 것을 당신께 이끌어 들이셨던 것입니다."[1]

호세마리아 에스크리바 성인은 하느님의 거부할 수 없는 부르심을 느낄 수 있었습니다. 예수님의 '숨겨진 삶'을 특별한 방법으로 본받으라는 것입니다. 평범한 삶이란 대다수 사람들이 살아가는 일상과 같은 것이었습니다. 호세마리아 성인은 이런 생각을 키워가도록 신자들을 가르쳤습니다.

"저는 수많은 하느님의 자녀들이 평범한 시민으로서 자신을 성화 (聖化)하고, 그들이 동료들과 더불어 열망과 노력을 함께 나누며 사는 꿈을 꿉니다. 지금 그 꿈은 현실이 되었습니다. 저는 그들에게 이 거룩한 진실을 큰소리로 외치고 싶습니다. 여러분이 일상의 삶을 살아가더라도, 그것이 그리스도께서 여러분을 잊었다거나, 여러분을 부르신 적이 없다거나 하는 것을 뜻하지 않는다고 말입니다. 그리스도께서는 세상의 활동과 관심 속에 살아가도록 여러분을 초대

---

[1] 그리스도께서 지나가신다. 14.

하신 것입니다. 그분은 여러분의 직업과 직종, 재능이 하느님의 거룩한 계획으로부터 결코 벗어나 있지 않다는 사실을 알기를 원하십니다. 그리스도께서는 그것들을 거룩하게 (성화-聖化) 하셔서 당신 아버지께 드리는 가장 기쁜 봉헌으로 만드셨습니다."[2]

호세마리아 성인이 나자렛에서의 예수님의 삶을 성찰하는 데 있어서 절대로 빠뜨리지 않았던 또 하나의 주제는 바로 요셉 성인에 관한 것이었습니다. 이 거룩한 가장 (家長)에 대한 호세마리아 성인의 사랑은 그가 생을 마치는 순간까지 강렬하게 커져만 갔습니다. 성인의 저서 '그리스도께서 지나가신다.'에 나온 요셉 성인에 대한 그의 강론 중 몇 개를 발췌합니다.

"초자연적인 측면에서 보면, 요셉 성인은 예수님으로부터 하느님께서 원하시는 대로 사는 법을 배우셨습니다. 인간적인 측면에서 보면, 요셉 성인은 인간이 되신 하느님의 아드님께 많은 것을 가르쳤다고 감히 말하겠습니다. 요셉 성인에게 이따금 주어지는 '양아버지'라는 호칭을 저는 별로 좋아하지 않습니다. 왜냐하면 그런 호칭이 요셉과 예수님과의 관계를 어쩌면 차갑고 형식적이었던 것처럼 만들기 때문입니다. 육체적으로 보면, 확실히 요셉 성인은 예수님의 친아버지가 아니십니다. 그러나 우리 신앙은 육신의 부자 관계가 부성 (父性)의 유일한 원천이 아님을 가르쳐 줍니다.

---

2 그리스도께서 지나가신다, 20.

성 요셉은 친아버지가 아들을 사랑하듯 예수님을 사랑하셨고, 자신이 가진 최고로 좋은 것을 아들인 예수님께 드림으로써 그 사랑을 보여주었습니다. 요셉 성인은 하느님께서 명하신 대로 자녀인 예수님을 잘 돌봤으며, 자신의 전문 기술을 전수해 예수님을 '장인 (匠人:전문기술자-목수)'으로 만드셨습니다. 그러므로 나자렛의 사람들이 예수님을 '장인 (匠人-목수)'이자, '장인의 아들'이라고 부르게 되었을 것입니다. 예수님은 요셉의 작업장에서, 요셉의 곁에서 함께 일하셨습니다. 요셉 성인은 어떤 분이었을까요? 하느님께서는 왜 요셉 성인을 통해서 이 세상에 그토록 큰 은총을 주셨을까요? 요셉 성인은 하느님의 아들을 인간적으로 양육하는 사명을 어떻게 완수할 수 있었을까요? 예수님께서는 요셉 성인을 닮으셨을 것입니다. 일하는 방식을 닮았고, 그분의 성품과 말투를 닮았을 것입니다. 그렇기 때문에 예수님 특유의 현실주의와 세세한 것들에 대한 섬세한 시선, 식탁에 앉아 빵을 떼어 나누는 방법, 그리고 가르침을 주실 때 일상적이고 실제적인 상황들을 활용하시는 것까지. 이 모든 것들이 요셉 성인의 영향을 받은 예수님의 어린 시절을 반영하고 있습니다."[3]

---

3 그리스도께서 지나가신다. 55.

# 광야에서의 유혹

"그때에 예수님께서는 성령의 인도로 광야에 나가시어, 악마에게 유혹을 받으셨다. 그분께서는 사십 일을 밤낮으로 단식하신 뒤라 시장하셨다. 그런데 유혹자가 그분께 다가와, '당신이 하느님의 아들이라면 이 돌들에게 빵이 되라고 해 보시오.' 하고 말하였다. 예수님께서 대답하셨다. '성경에 기록되어 있다. 사람은 빵만으로 살지 않고 하느님의 입에서 나오는 모든 말씀으로 산다.'" (마태 4,1-4)

"이 모든 이야기는 인간이 감히 이해하기를 바랄 수 없는 신비입니다. 하느님께서 유혹 받으시고, 악 (惡)이 멋대로 설칠 수 있게 허용하신 것입니다. 그러나 우리는 이 이야기가 담고 있는 가르침을 이해하게 해주시도록 주님께 청하며 이를 묵상할 수 있습니다. 예수 그리스도께서 유혹 당하신다. 교회는 전통적으로 광야에서 겪은 예수님의 시련을 이런 식으로 표현합니다. 이는 모든 면에서 우리의 모범이 되신 주님께서는 유혹에 시달리는 일 또한 스스로 원하셨다는 뜻입니다. 주님은 죄가 없으신 것을 제외하고는 모든 면에서 우리와 완전히 같은 인간이셨으므로, 우리와 똑같이 유혹받으셨습니다. 아마도 약초와 풀뿌리 조금, 그리고 약간의 물 말고는 다른 어떤 음식물도 없이 40일간 금식하셨기에 예수님은 매우 허기를 느끼셨을 겁니다. 보통의 인간들이 그렇듯 예수님도 실제로 우리와 같이 배가 고프십니다. 그러나 악마가 돌멩이를 빵으로 바꿔보라고 제안할 때 예수님은 당신의 육신이 갈구하는 음식을 거부하셨습니다. 그뿐만 아니라, 예수님은 더욱 큰 유혹을 뿌리치셨습니다. 쉽게 말하자면, 당신의 개인적인 문제를 해결하기 위해 주님의 거룩한 힘을 쓰라는 유혹을 거절하신 것입니다.

예수님께서는 당신 자신의 이익을 위해 기적을 행하시지 않았습니다. 복음서 전체를 보면 여러분은 예수님께서 기적을 어떻게 일으키시는지 알 수 있습니다. 카나의 결혼식에서 축하객들을 위해 물을 포도주로 바꾸시고, 배고픈 군중을 위해 빵과 물고기를 많아지게 하셨습니다. 그렇지만 당신 자신은 수년간 스스로 일을 하셔서 생계를 이어가셨습니다. 그 후 예수님은 이스라엘 땅을 돌아다니며 공생활을 하시는 중에도 당신을 따르는 사람들의 도움을 받으며 생활하셨습니다.

복음사가인 요한 성인은 예수님께서 긴 여행을 하신 뒤 '시카르'의 우물에 도착하셨을 때 제자들을 고을로 보내 먹을 것을 사오게 하셨다고 얘기합니다. 그리고 사마리아 여인이 오는 것을 보자 그녀에게 물을 달라고 부탁하십니다. 부탁하는 방법 말고는 물을 얻을 길이 없었던 것입니다. 오래 길을 걷느라 지치신 당신의 육신이 피곤을 느끼신 것입니다. 그렇지 않았다면, 그분은 체력을 회복하기 위해 잠을 청해야 하셨겠죠. 당신 자신을 겸손하게 낮추셔서 인간의 육체적 상태를 온전히 받아들이시는 주님. 우리 주님이 얼마나 너그러우십니까! 그분은 자신의 고충이나 노고를 피하고자 당신의 거룩한 힘을 절대 쓰시지 않습니다. 예수님께서 우리에게 가르쳐 주시기를 간절히 기도합시다. 우리가 강인해지도록, 우리가 우리의 일을 사랑하도록, 그리고 우리 자신이 노력한 결과를 음미할 수 있는 인간적이면서도 거룩한 고귀함을 깨닫도록 말입니다."[1]

"유혹의 시간에 희망의 덕행을 실천하면서 그대여, 이렇게 말하십시오. '안식을 취하고 기쁨을 누릴 영원의 세계가 저를 기다리고 있습니다. 지금 믿음으로 충만하여 일을 통해 휴식하고 고통을 통해 기쁨을 얻습니다. 하늘 나라에서 사랑은 과연 어떤 것일까요?' 더 좋은 방법은 사랑을 실천하기 위하여 그대가 이렇게 반응하는 것입니다. '나의 하느님, 하늘의 연인인 당신의 뜻을 실현함으로써 모든 것에서 기쁨을 드리고 싶습니다. 상벌에 전혀 개의치 않으며 오로지 그분을 기쁘게 해드리고 싶을 따름입니다."[2]

---

[1] 그리스도께서 지나가신다, 61.

[2] 사랑의 담단금질, 2.

# 사도들을 부르심

"그 무렵에 예수님께서는 기도하시려고 산으로 나가시어, 밤을 새우며 하느님께 기도하셨다. 그리고 날이 새자 제자들을 부르시어 그들 가운데에서 열둘을 뽑으셨다. 그들을 사도라고도 부르셨는데, 그들은 베드로라고 이름을 지어 주신 시몬, 그의 동생 안드레아, 그리고 야고보, 요한, 필립보, 바르톨로메오, 마태오, 토마스, 알패오의 아들 야고보, 열혈당원이라고 불리는 시몬, 야고보의 아들 유다, 또 배신자가 된 유다 이스카리옷이다." (루카 6,12-16)

"우리가 함께 이야기 나누었던 기록들을 살펴볼 때마다 저는 굉장한 용기를 얻습니다. 우리는 첫 열두 사도들의 부르심에 관한 복음서의 기록에서 조금씩 이런 용기를 찾게 됩니다. 우리 주님의 거룩한 증인들이 그랬던 것처럼, 우리도 그리스도를 따르게 도와 달라고 청하면서 천천히 묵상해봅시다. 제가 굉장히 좋아하고 사랑하는 첫 사도들은 인간적으로 보았을 때 별로 내세울 게 없는 사람들이었습니다. 마태오를 제외하면 다른 사도들은 그저 어부들에 불과했습니다. 아마도 마태오만은 힘들지 않은 생활을 했을 것인데, 그 모든 것마저도 예수님 말씀을 듣고 과감히 버렸죠. 나머지 열한 명의 사도들은 밤을 새워 고기를 잡아야만 근근이 생계를 이어갈 수 있는 어려운 생활을 했습니다. 하지만 사회적 지위는 중요하지 않습니다. 사도들은 교육을 받지도 않았고, 초자연적인 일들에 대한 그들의 반응으로 판단해볼 때, 그다지 영민한 사람들도 아니었습니다. 심지어 가장 기초적인 예시와 비유들조차 이해하지 못하고, 스승님께 (예수님께) 다가가 '그 비유를 저희에게 설명해주십시오.'(마태 15,15) 라며 부탁했습니다. 예수님께서 '바리사이들의 누룩'에 관해 비유해 말씀하실 때 그들은 자기들이 빵을 사 오지 않은 것에 대해 질책하시는 것으로 잘못 생각했을 정도입니다.

사도들은 가난하고 무지했습니다. 그들은 그리 단순하지도 않았습니다. 게다가 야심까지 있는 사람들이었습니다. 그들은 종종 자신들의 생각에 따라 그리스도께서 분명히 이스라엘 왕국을 다시 세우실 것이며, 그때 자신들 가운데 누가 가장 높은 자가 될지 논쟁했습니다. 심지어 '최후의 만찬'의 그 친밀한 분위기에서도, 예수님께서 모든 인류를 위해 스스로 돌아가시려는 그 숭고한 순간에서조차 그들은 심하게 다투었습니다.

믿음이요? 그들은 깊은 믿음을 갖고 있지 않았습니다. 예수 그리스도께서 친히 그 점을 지적하셨지요. 사도들은 죽은 자가 일어나고,

온갖 질병이 치유되고, 빵과 물고기가 불어나고, 폭풍우가 잠잠해지고, 마귀가 내쫓기는 것을 보았습니다. 사도들의 으뜸으로 선택된 베드로 성인만이 재빨리 반응했을 뿐입니다. '스승님은 살아 계신 하느님의 아드님 그리스도이십니다.'(마태 16,15) 성 베드로의 신앙고백은 자신의 한계에 파묻힌 믿음이었습니다. 그러므로 베드로는 인류의 구원을 위해 고난 받고 죽기를 원하시는 예수님을 반박하였던 것입니다. 그런 베드로를 예수님은 나무라셔야만 했습니다. '사탄아, 내게서 물러가라. 너는 나에게 걸림돌이다. 너는 하느님의 일은 생각하지 않고, 사람의 일만 생각하는구나!'(마태 16,23)

이처럼 신앙심 얕은 사람들이 적어도 그리스도께 대한 사랑만큼은 남달랐을까요? 그들은 최소한 말로는 분명히 그분을 사랑하는 것처럼 보였습니다. 때때로 그들은 열정에 휩싸여 '우리도 스승님과 함께 죽으러 갑시다.'(요한 11,16) 라고 말하기도 했습니다. 하지만 결정적인 순간에 (예수님께서 돌아가시는 순간에) 요한을 제외한 모든 제자가 도망쳤습니다. 사도 중 막내였던 소년 요한만이 행동으로 진정한 사랑을 보여주었습니다. 주님께서 매달리신 십자가 곁에는 오직 요한만 눈에 띄었습니다. 다른 사도들은 죽음만큼 강한 사랑을 자기 안에서 찾을 수 없었던 것이지요.

이 사람들은 우리 주님이 부르신 제자들이었습니다. 이 모든 일들을 그리스도께서 선택하신 것이지요. 그리고 제자들은 성령으로 충만해져서 교회의 기둥이 될 때까지 (갈라 2,9) 딱 그런 상태로 남아 있었습니다. 그들은 결점과 단점을 지닌 평범한 사람들이었고,

행동보다는 말이 앞서는 이들이었습니다. 그럼에도 불구하고 예수님께서는 그들을 사람 낚는 어부가 되라고 (마태 4,19), 구원사업의 협조자이자 하느님의 은총을 나눠주는 이들이 되라고 부르신 것입니다. 이와 비슷한 일이 우리에게 일어나고 있습니다."[1]

---

1 그리스도께서 지나가신다, 2-3.

# 모든 이들과 대화하심

"예수님께서는 군중에게 이 모든 것을 비유로 말씀하시고, 비유를 들지 않고는 그들에게 아무것도 말씀하지 않으셨다." (마태 13,34)

"우리 주님께서는 당신의 대화 상대를 한정된 무리로 제한하시지 않습니다. 그분은 모든 사람과 이야기를 나누십니다. 신심 깊은 부인들, 군중, 니코데모 같이 이스라엘의 상류층을 대변하는 사람들, 자캐오 같은 세리들, 오직 율법에만 집착하는 사람들, 사마리아 여인 같은 죄인들, 아픈 사람들, 건강한 사람들, 당신이 온 마음을 다해 사랑하셨던 가난한 사람들, 율법학자들, 그리고 이스라엘에서 이런 믿음을 본 일이 없다고 칭찬하셨던 이방인들 (루카 7,9), 노인들, 어린아이들에 이르기까지, 주님께서는 항상 모두와 대화하십니다.

예수님께서는 당신의 말씀을 주시는 것을 그 누구에게도 거부하시지 않으십니다. 그렇게 주신 그분의 한 마디 말씀이 사람들을 치유하고, 위로하며, 깨우침을 주는 것입니다. 저는 이러한 그리스도의 사도직 활동 방식에 관해 수없이 묵상했고, 또한 다른 사람들도 묵상하도록 했습니다. 예수님의 사도직은 인간적인 방식과 하느님의 방식, 친교와 확신을 바탕에 두고 있습니다.

사마리아 여인과 나누신 그리스도의 대화를 되새겨 봅시다. 말씀하시는 방법이 참으로 놀랍지 않습니까! 당신께서는 말씀을 통해 이 여인을 죄인에서 진리의 선포자로 거듭나도록 하는 방법을 알고 계십니다. '제가 한 일을 모두 알아맞힌 사람이 있습니다. 와서 보십시오. 그분이 그리스도가 아니실까요?'(요한 4,29) 그리하여 그들이 고을에서 나와 예수님께 모여 왔습니다. 그렇습니다. 나의 영적 자녀 여러분, 그리스도의 대화는 결코 사람을 홀리는 이야기이거나 허망한 인지적 훈련이 아닙니다. 그것은 거룩한 불꽃으로 타오르는 진리의 말씀인 것입니다.

예수님께서는 언제나 사랑으로 말씀하십니다. 그분은 나인 고을에서 만난 과부의 슬픔과 나병 환자의 고통을 가엾게 여기십니다. 그리고 그분은 누구보다도 죄인에게 자비를 베푸십니다. 예수님께서는 용기를 주는 말씀을 하시고, 친교를 주고받으시는 데에 참으로 능숙하십니다. 베타니아에서 라자로와 마르타, 마리아와 하신 대화가 바로 그렇습니다. 또한 예수님은 어떻게 요구해야 하는지 알고 계십니다. 어떻게 하면 사람들에게 실패의 위험을 무릅쓰고라도 자신이 해야 할 임무를 똑바로 마주 보도록 하는지 알고 계십니다. 어느 날 당신에게 다가온 부잣집 아들을 염려하는 예수님의 마음이 어떻게 드러나는지 보십시오. 예수님은 사랑으로 그를 바라보십니다.

그러면서 예수님은 젊은이에게 가진 재물에서 벗어나라고 요구하십니다. '그러나 그 젊은이는 이 말씀을 듣고 슬퍼하며 떠나갔습니다. (Qui contristatus in verbo abiit moerens)'(마태 19,22) 왜냐하면 하느님의 말씀은 그대로 받아들이지 않을 때 쓸개즙처럼 쓰기 때문입니다. 그러므로 이야기를 나누는 것만으로는 충분하지 않습니다. 우리는 행동해야만 합니다. 우리가 받은 가르침을 실천에 옮겨야만 합니다, 그렇지 않으면 대화는, 만일 그것이 하느님과 대화라 할지라도 아무 성과가 없습니다. 왜냐하면 '나에게 '주님, 주님!' 한다고 모두 하늘나라에 들어가는 것이 아니다. 하늘에 계신 내 아버지 의 뜻을 실행하는 이라야 들어간다.'(마태 7,21) 라고 말씀하셨기 때문입니다.

예수님은 사리에 어긋난 배려를 하시지 않고, 또한 진실의 굳건한 경계를 약화시킬지도 모르는 거짓 예의를 차리시지도 않습니다. 예를 들면, 예수님께서 하시는 모든 말씀을 빌미로 삼아 (ut caperent eum in sermone) 당신을 공격하기 위해 쫓아다니는 몇몇 바리사이들에게 당신께서는 더도 덜도 아닌 바로 그 이름, '독사의 자식들아' 라고 그들의 이름을 외쳐 부르시며 진리를 말씀하시는 데 있어 조금도 주저하지 않으십니다. '독사의 자식들아, 너희가 악한데 어떻게 선한 말을 할 수 있겠느냐?'(마태 12,34). 예수님은 또한 질문을 받지 않더라도 대화를 시작하시는 분입니다. 왜냐하면, 당신 주위 사람들에게 가르침을 주고, 뒤틀린 사고방식을 바로잡아야 할 필요성을 알아보시기 때문입니다. '시몬아, 너에게 할 말이 있다. (Simon, habeo tibi aliquid dicere)'(루카 7,40)

이런 식으로 말입니다. 예수님은, 상대방을 배려하기 위한 대화를 위해 진실을 호도해선 안 된다고 생각하십니다. 그분은 모든 사람에게 말을 걸고 싶어 하십니다. 심지어 빌라도처럼 진리를 알고 싶지 않은 사람들에게까지도 말입니다. '내가 임금이라고 네가 말하고 있다. (Tu dicis quia rex sum ego) 나는 진리를 증언하려고 태어났으며, 진리를 증언하려고 세상에 왔다. 진리에 속한 사람은 누구나 내 목소리를 듣는다.'(요한 18,37) 하지만 때에 따라 필요하다면 그분은 완곡한 말투를 쓰지 않고, 오히려 거칠게 말씀하십니다. 때때로 격한 말씀과 함께 격한 행동을 하십니다. '밧줄로 채찍을 만들어 그들을 모두 성전 밖으로 쫓아내시고⋯'(요한 2,15)

하지만 우리 주님께서 화를 잘 내는 분이라고 생각하진 마세요. 그분은 온순하고 겸손한 성정을 가지셨습니다. (mitis et humilis corde) 그러나 인간의 마음은 때때로 청동처럼 단단해서 오직 불길만이 녹일 수 있다는 것을 그분은 잘 알고 계십니다. 사랑의 불, 진리의 불, 아버지로부터 받은 사명의 불길 말입니다. 그래서 선한 의지의 작은 징표, 무엇이 진실인지 알고자 하는 열정의 징표가 조금이라도 있다면, 최선을 다해 그것을 일깨우고, 축복하고, 찬양할 충분한 이유가 되는 것입니다."[1]

---

[1] 1965년 10월 24일 편지 중에서.

# 참 행복

"예수님께서는 그 군중을 보시고 산으로 오르셨다. 그분께서 자리에 앉으시자 제자들이 그분께 다가왔다. 예수님께서 입을 여시어 그들을 이렇게 가르치셨다. '행복하여라, 마음이 가난한 사람들! 하늘 나라가 그들의 것이다…'" (마태 5,1)

호세마리아 에스크리바 성인의 강론은 예수님의 말씀을 바탕으로 합니다. '참 행복 선언 (진복팔단)'은 강론 중 매우 중요한 부분입니다. 성인은 하느님의 말씀을 도전적이면서도 실천적인 방향으로 해설함으로써 사람들의 생활 속에서 하느님 말씀이 작동하도록 돕고자 했습니다. 그의 견해에 따르면, '참 행복 선언'은 우리 생활에서 즉시 실현할 수 있습니다. 이어지는 내용들은 호세마리아 성인의 여러 저서에서 뽑은 것입니다.

"행복하여라, 마음이 가난한 사람들! 하늘 나라가 그들의 것이다." (마태 5,3)

"만일 가난한 마음을 얻고 싶다면, 자신을 위해서는 아끼고 다른 사람을 위해서는 넉넉해지라고 충고하고 싶습니다. 변덕이나 허영심 등에서 나오는 사치나 편안함을 위한 불필요한 지출은 피하십시오. 여러분 자신을 위해 필요한 것들을 생각해 내지 마십시오. 바오로 사도의 다음 말씀에서 배우십시오. '나는 비천하게 살 줄도 알고 풍족하게 살 줄도 압니다. 배부르거나 배고프거나 모자라거나 그 어떤 경우에도 잘 지내는 비결을 알고 있습니다. 나에게 힘을 주시는 분 안에서 나는 모든 것을 할 수 있습니다.'(필리 4,12-13). 우리 마음이 세상 어느 것에도 얽매이지 않고 속박에서 자유로워진다면, 사도처럼 영적 투쟁에서 승리할 수 있을 것입니다."[1]

"행복하여라, 슬퍼하는 사람들! 그들은 위로를 받을 것이다." (마태 5,4)

"그대는 이 세상의 그 무엇과도 바꾸지 않을 내면의 평화와 행복을 누립니다. 하느님께서 여기 계십니다. 우리가 지닌 아픔들이 끝나도록 하려면 그분께 그 아픔들을 털어놓는 것보다 더 좋은 길은 없습니다."[2]

---

[1] 하느님의 친구들, 123.

[2] 사랑의 담금질, 54.

"행복하여라, 온유한 사람들! 그들은 땅을 차지할 것이다."
(마태 5,5)

"한 거만한 사람을 보고 하느님이 하신 엄하지만 정확한 말씀을 들었을 때 저는 생각에 잠겼습니다. '그는 악마와 똑같은 가죽 —교만을 덮어쓰고 있다' 그리고 이와는 대조적으로 내 마음에 '나는 온유하고 마음이 겸손하다' 라고 말씀하셨을 때 예수 그리스도께서 가르쳐 주신 덕을 몸에 지니고 싶다는 성실한 소망이 마음에 솟아났습니다. 겸손은 지극히 거룩하신 삼위일체 하느님의 시선을 주님의 모친이시며 우리들의 모친이신 분께로 끌어당겼습니다: 겸손이란 자신이 무(無)임을 자각하고 그것을 느끼는 것입니다..."[3]

"행복하여라, 의로움에 주리고 목마른 사람들! 그들은 흡족해질 것이다." (마태 5,6)

"무엇보다도, 우리는 하느님을 지향해야 합니다. 이 사실을 마음에 깊이 새기고, 행동으로 보여 주어야 합니다. 이것이야말로 '의로움에 주리고 목마른 사람들'(마태 5,6)의 기준이며, 정의의 덕을 시기와 분노의 외침이나 이기심과 탐욕의 부르짖음과 구별하는 것입니다. 배은망덕한 최고의 불의는 우리의 창조주와 구원자께서 주시는 풍부하고 놀라운 선물을 인정하지 않는 것입니다. 만일 여러

---

3 밭고랑, 726.

분이 참으로 정의롭고자 한다면, 여러분이 얼마나 철저하게 하느님께 의존하고 있는지 자주 묵상하십시오. 그러면 어리석게 보일 만큼 우리를 사랑하시는 아버지의 호의에 보답하려는 열망과 감사의 마음이 충만해질 것입니다. '그대가 가진 것 가운데 서 받지 않은 것이 어디 있습니까?'" (1코린 4,7).[4]

## "행복하여라, 자비로운 사람들! 그들은 자비를 입을 것이다." (마태 5,7)

"예수 그리스도의 삶은 하느님 자비의 이야기를 요약한 것입니다. '행복하여라, 자비로운 사람들! 그들은 자비를 입을 것입니다.' 또 다른 경우에 우리 주님께서는 이렇게 말씀하셨습니다. '너희 아버지께서 자비하신 것처럼, 너희도 자비로운 사람이 되어라.'(루카 6,36). 복음서의 다른 장면들도 우리에게 깊은 감동을 줍니다. 간음한 여인을 용서하심, 돌아온 탕자의 예화, 잃어버린 양의 비유, 빚을 탕 감받은 채무자, 나인 고을에 사는 과부의 외아들이 부활한 사건 등, 우리는 주님의 자비를 생각하게 하는 너무나 많은 일을 알고 있습니다."[5]

---

[4] 하느님의 친구들, 167.

[5] 그리스도께서 지나가신다, 7.

"행복하여라, 마음이 깨끗한 사람들! 그들은 하느님을 볼 것이다." (마태 5,8)

"어떤 사람들은 거룩한 소명을 받아 결혼함으로써 이러한 순결을 살아가도록 부르심을 받습니다. 다른 사람들은 모든 인간적 사랑에 앞서 오로지 하느님의 사랑에만 열정적으로 응답하도록 성소를 받습니다. 관능의 노예가 되는 것과는 전혀 별개로, 결혼한 사람이거나 그렇지 않은 사람이거나 모두 스스로를 다른 사람에게 아낌없이 내어주기 위해 자신의 몸과 마음의 주인이 되어야 합니다.

거룩한 순결이 그리스도교의 유일무이한 덕목은 아닙니다. 하지만 우리가 일상의 삶에서 성화 (聖化)를 위해 계속 노력을 해나가려면 순결은 필수적 요소입니다. 우리가 순결한 삶을 살아가지 못하면, 사도직을 위한 헌신은 불가능할 것입니다. 순결은 사랑의 결과물이며, 사랑은 우리의 영혼과 육신, 능력과 감각을 그리스도께 온전히 맡기도록 우리를 재촉합니다. 순결은 결코 부정적 개념이 아닙니다. 그것은 기쁜 긍정입니다."[6]

---

6 그리스도께서 지나가신다, 5.

"행복하여라, 평화를 이루는 사람들! 그들은 하느님의 자녀라
불릴 것이다." (마태 5,9)

"그리스도인의 일은 악이 풍성한 선 안에 빠져 버리게 하는 것
입니다. 그것은 소극적인 운동의 문제이거나 무엇인가 반대하는 문
제가 아닙니다. 그와는 반대로 우리들은 낙관에 가득차서 젊음과
기쁨과 평화를 가지고 적극적으로 살아야 합니다. 우리들은 모든
사람을, 그리스도의 추종자들을 그리고 주님을 포기하거나 주님을
전연 모르는 사람들을 이해해야 합니다. 그러나 이해함이란 머뭇
거리거나 무관심하게 머물러있음을 의미하지는 않고, 능동적임을
의미합니다."[7]

"행복하여라, 의로움 때문에 박해를 받는 사람들! 하늘 나라가
그들의 것이다." (마태 5,10)

"경멸과 박해는 하느님께서 특별히 사랑하신다는 축복의 징표
입니다. 그러나 그보다 더 아름다운 사랑의 증거와 표시는 바로 남
의 눈에 띄지 않는 것입니다."[8]

---

[7] 밭고랑, 864.

[8] 길, 959.

"사람들이 나 때문에 너희를 모욕하고 박해하며, 너희를 거슬러 거짓으로 온갖 사악한 말을 하면, 너희는 행복하다! 기뻐하고 즐거워하여라. 너희가 하늘에서 받을 상이 크다. 사실 너희에 앞서 예언자들도 그렇게 박해를 받았다." (마태 5,11-12)

"불의한 비난을 받을 때 주님 앞에서 평온한 마음으로 기꺼이 우리의 행동을 잘 살펴보도록 합시다. 비록 우리에게 아무런 하자가 없는 일이라 할지라도, 만일 애덕이 우리로 하여금 권고한다면 고치도록 하십시다. 하루하루 더욱더 성인이 되도록 노력해야 합니다. 그런 다음에 사람들이 뒤에서 쑥덕공론하는 것을 산상 설교의 참 행복으로 적용시키도록 하십시오. '나로 인하여 너희가 사람들에게 모욕을 당하면 행복하다.'"[9]

---

9 사랑의 담금질, 795.

# 예수님의 연민

"바로 그 뒤에 예수님께서 나인이라는 고을에 가셨다. 제자들과 많은 군중도 그분과 함께 갔다. 예수님께서 그 고을 성문에 가까이 이르셨을 때, 마침 사람들이 죽은 이를 메고 나오는데, 그는 외아들이고 그 어머니는 과부였다. 고을 사람들이 큰 무리를 지어 그 과부와 함께 가고 있었다. 주님께서는 그 과부를 보시고 가엾은 마음이 드시어 그에게, '울지 마라.' 하고 이르시고는, 앞으로 나아가 관에 손을 대시자 메고 가던 이들이 멈추어 섰다. 예수님께서 이르셨다. '젊은이야, 내가 너에게 말한다. 일어나라.' 그러자 죽은 이가 일어나 앉아서 말을 하기 시작하였다. 예수님께서는 그를 그 어머니에게 돌려주셨다. 사람들은 모두 두려움에 사로잡혀 하느님을 찬양하며, '우리 가운데에 큰 예언자가 나타났다.' 또 '하느님께서 당신 백성을 찾아오셨다.' 하고 말하였다."
(루카 7,11-16)

"복음의 저자인 성 루카가 예수님께서 나인 고을에 가셨을 때를 묘사한 장면을 기억하십니까? 예수님은 다시 한 무리의 사람들과 길을 건넙니다. 그분은 그냥 지나쳐 가시거나, 사람들이 당신을 부를 때까지 기다리실 수 있었습니다. 하지만 그러지 않으셨습니다. 당신이 먼저 과부에게 가셨습니다. 과부의 슬픔에 마음이 움직이신 것입니다. 과부는 이제 막 자신의 모든 것인 아들을 잃었습니다. 루카 성인은 예수님께서 마음이 움직이셨다고 설명합니다.

아마도 예수님은 라자로가 죽었던 때와 같은 기색을 보이셨을 것입니다. 예수 그리스도께서는 사랑에서 비롯되는 고통에 결코 둔감하지 않으셨습니다. 그분은 어린 자녀들이 부모와 떨어져 있는 것을 보고 괴로워하셨습니다. 죽음을 이기고 생명을 주시며, 서로 사랑하는 사람들을 다시 만나게 하십니다. 그러나 동시에, 그분은 하느님의 사랑이 얼마나 위대한지 우리가 먼저 받아들일 것을 요구하십니다. 오직 하느님의 사랑만이 진정한 그리스도인의 삶에 영감을 줄 수 있기 때문입니다.

그리스도께서는 당신이 군중에게 둘러싸여 있다는 것을 알고 계십니다. 군중은 예수님의 기적을 두려워할 것이며, 이러한 기적의 이야기를 온 지역에 퍼뜨릴 것입니다. 하지만 예수님은 어떤 결과를 바라고 가식적으로 행동하는 분이 아니었습니다. 간단히 말해, 예수님께서는 과부의 고통에 마음이 움직이셨고, 그녀를 위로하지 않을 수 없었던 것입니다. 그래서 과부에게 다가가 '울지 마라' 하고 말씀하십니다. 마치 이렇게 얘기하시는 것 같습니다. '나는 네가 우는 것을 보고 싶지 않다. 나는 기쁨과 평화를 주기 위해 지상에 온 것이다.' 그 후 하느님이신 그리스도의 권능의 징표, 기적이 일어났습니다. 하지만 기적보다 당신의 연민이 먼저였습니다. 이는 사람이 되신 하느님이신 그리스도의 마음이 따뜻하다는 명백한 징표입니다.

우리가 예수님에게서 배우지 않는다면, 우리는 결코 사랑할 수 없을 것입니다. 만일 어떤 사람들처럼, 순결한 마음을 가진다는 것, 하느님 같은 마음을 가진다는 것을 '뭔가와 섞이지 않은 것, 오염되지 않은 것' 정도로만 여긴다면, 우리는 다른 사람들의 고통과 슬픔에 대해 무감각해지고 말 것입니다. 즉, 건조하고 영혼 없는 '사무적 사랑'만을 베풀 수 있을 뿐입니다. 그러면 우리의 사랑은 예수님께서 보여주시는 진정한 사랑일 수 없습니다.

예수님의 사랑은 애정과 인간적 온기가 담긴 사랑입니다. 저는 사람의 마음을 하느님으로부터 멀리 떨어뜨려 죄와 벌의 상황으로 오도 (誤導)하는 그릇된 이론들과 옹졸한 변명들을 절대 지지하지 않습니다. 만약 우리가 다른 사람을 돕고 싶다면, 우리는 그들을 사랑해야 합니다. 이해와 헌신, 애정과 자발적 겸손이 깃들어 있는 사랑을 해야 한다고 저는 주장합니다. 그러고 나서야 우리는, 주님께서 모든 율법을 두 가지 계명, 실제로는 하나의 계명으로 요약하신 이유를 이해하게 될 것입니다. '하느님 사랑, 그리고 온 마음을 다해 이웃을 사랑하는 것' 말입니다."[1]

---

[1] 그리스도께서 지나가신다, 166-167.

# 씨 뿌리는 사람의 비유

"많은 군중이 모이고 또 각 고을에서 온 사람들이 다가오자 예수님께서 그들에게 비유로 말씀하셨다. '씨 뿌리는 사람이 씨를 뿌리러 나갔다. 그가 씨를 뿌리는데, 어떤 것은 길에 떨어져 발에 짓밟히기도 하고 하늘의 새들이 먹어 버리기도 하였다… 그 비유의 뜻은 이러하다. 씨는 하느님의 말씀이다. 길에 떨어진 것들은, 말씀을 듣기는 하였지만 악마가 와서 그 말씀을 마음에서 앗아가 버리기 때문에 믿지 못하여 구원을 받지 못하는 사람들이다." (루카 8,4-5.11-12)

"우리는 또한 척박한 땅이나 가시덤불, 엉겅퀴밭에 떨어진 씨앗들을 신앙의 빛을 보지 않으려고 스스로를 닫아버린 영혼들이라고 볼 수 있습니다. 평화, 화해, 형제애 같은 이상들은 널리 받아들여지지만, 거짓으로 밝혀지는 경우가 너무 많습니다. 어떤 사람들은 하느님의 목소리를 듣지 않으려고 소용없는 안간힘을 씁니다. 하느님의 목소리에서 벗어나기 위해 폭력을 쓰거나, 아주 교묘하게, 훨씬 잔인한 방법을 사용하기도 합니다. 그것은 바로 무관심입니다. 무관심은 사람의 정신을 마비시킵니다."[1]

"어떤 것은 바위에 떨어져, 싹이 자라기는 하였지만 물기가 없어 말라 버렸다…. 바위에 떨어진 것들은, 들을 때에는 그 말씀을 기쁘게 받아들이지만 뿌리가 없어 한때는 믿다가 시련의 때가 오면 떨어져 나가는 사람들이다." (루카 8, 6.13) "아마도 여러분은 알아차렸을 겁니다. 세례를 받고 여러 성사들도 받았기에 스스로 그리스도인이라고 부르지만 실제로는 불충분하고 부정직하며 불성실하고 거만한 사람들이 참으로 많습니다. 그들은 아무것도 이룰 수 없습니다. 그들은 잠깐 하늘을 비추고는 사라져 버리는 별똥별과 같습니다.

만일 우리가 하느님의 자녀로서 책임감을 인정한다면, 하느님께서 우리에게 바라시는 것, 곧 참으로 인간적으로 돼야 한다는 점을 깨닫게 될 것입니다. 우리의 머리는 진정 하늘에 닿아 있지 않습니다. 그러나 우리의 발은 땅 위에 확고히 자리를 잡아야 합니다. 그리스도인으로 산다는 것은 단지 인간적인 것을 끊어 버린다든지 또는 그리스도에 대한 지식과는 상관없는 덕들을 포기하는 것만이 아닙니다.

그리스도인 한 사람 한 사람의 구원을 위하여 우리 주님께서는 성혈을 흘리셨습니다. 그분께서 바라시는 것은 우리가 참으로 인간적인

---

[1] 그리스도께서 지나가신다, 150.

동시에 신적인 존재가 되는 것입니다. 강조하건대, 그분께서는 우리가 날마다 온전한 하느님이시며 온전한 인간이신 주님을 닮으려고 온갖 노력을 다하기를 바라시는 것입니다."[2]

"또 어떤 것은 가시덤불 한가운데로 떨어졌는데, 가시덤불이 함께 자라면서 숨을 막아 버렸다… 가시덤불에 떨어진 것은, 말씀을 듣기는 하였지만 살아가면서 인생의 걱정과 재물과 쾌락에 숨이 막혀 열매를 제대로 맺지 못하는 사람들이다." (루카 8,7.14) "그대 마음속에 악에 기울어지는 성향을 보게 되는 것을 부끄러워하지 마십시오. 악에 기울어지는 성향은 평생 그대 곁에 있을 것입니다. 이 짐에서 자유로운 사람은 없습니다. 부끄러워하지 마십시오. 전능하시고 자비로우신 주님께서는 이 성향을 극복하는 데 필요한 모든 수단을 우리에게 주셨기 때문입니다. '성사, 신심 생활, 거룩하게 된 일'이 그것입니다. 인내하며 이 수단들을 활용하십시오. 낙담하지 말고 거듭거듭 시작할 준비를 늘 하십시오."[3]

"그러나 어떤 것은 좋은 땅에 떨어져, 자라나서 백 배의 열매를 맺었다… 좋은 땅에 떨어진 것은, 바르고 착한 마음으로 말씀을 듣고 간직하여 인내로써 열매를 맺는 사람들이다." (루카 8,8.15) "주위를 둘러보십시오. 하느님께서 손수 만드신 까닭에 우리가 사랑하는 이 세상, 우리 주위를 둘러보면 예수님의 비유가 진실임을 알게 될 것입니다. 예수 그리스도의 말씀은 열매를 맺었습니다. 당신의

---

2 하느님의 친구들, 75.

3 사랑의 담금질, 119.

말씀이 수많은 영혼을 감화시켜 헌신과 충정 (忠情)으로 이끌었습니다. 하느님을 섬기는 이들의 삶과 행동이 역사를 바꿔 놓았습니다. 우리 주님을 알지 못하는 사람들마저도 수많은 이들이 아마도 무의식적으로 그리스도교의 이상에 의해 자극받습니다."[4]

---

[4] 그리스도께서 지나가신다, 150.

# 벙어리 마귀

"그들이 다른 제자들에게 가서 보니, 그 제자들이 군중에게 둘러싸여 율법 학자들과 논쟁하고 있었다. 마침 군중이 모두 예수님을 보고는 몹시 놀라며 달려와 인사하였다. 예수님께서 그들에게 '저들과 무슨 논쟁을 하느냐?' 하고 물으시자, 군중 가운데 한 사람이 대답하였다. '스승님, 벙어리 영이 들린 제 아들을 스승님께 데리고 왔습니다. 어디에서건 그 영이 아이를 사로잡기만 하면 거꾸러뜨립니다. 그러면 아이는 거품을 흘리고 이를 갈며 몸이 뻣뻣해집니다. 그래서 스승님의 제자들에게 저 영을 쫓아내 달라고 하였지만, 그들은 쫓아내지 못하였습니다.' 그러자 예수님께서, '아, 믿음이 없는 세대야! 내가 언제까지 너희 곁에 있어야 하느냐? 내가 언제까지 너희를 참아 주어야 한다는 말이냐? 아이를 내게 데려오너라.' 하고 그들에게 이르셨다. 그래서 사람들이 아이를 예수님께 데려왔다. 그 영은 예수님을 보자 곧바로 아이를 뒤흔들어 댔다. 아이는 땅에 쓰러져 거품을 흘리며 뒹굴었다. 예수님께서 그 아버지에게, '아이가 이렇게 된 지 얼마나 되었느냐?' 하고 물으시자 그가 대답하였다. '어릴 적부터입니다. 저 영이 자주 아이를 죽이려고 불 속으로도, 물속으로도 내던졌습니다. 이제 하실 수 있으면 저희를 가엾이 여겨 도와주십시오.' 예수님께서 그에게 '하실 수 있으면'이 무슨 말이냐? '믿는 이에게는 모든 것이 가능하다.' 하고 말씀하시자, 아이 아버지가 곧바로, '저는 믿습니다. 믿음이 없는 저를 도와주십시오.' 하고 외쳤다. 예수님께서는 군중이 떼를 지어 달려드는 것을 보시고 더러운 영을 꾸짖으며 말씀하셨다. '벙어리, 귀머거리 영아, 내가 너에게 명령한다. 그 아이에게서 나가라. 그리고 다시는 그에게 들어가지 마라.' 그러자 그 영이 소리를 지르며 아이를 마구 뒤흔들어 놓고 나가니, 아이는 죽은 것처럼 되었다. 그래서 사람들이 모두 '아이가 죽었구나.' 하였다. 그러나 예수님께서 아이의 손을 잡아 일으키시니 아이가 일어났다. 그 뒤에 예수님께서 집에 들어가셨을 때에 제자들이 그분께 따로, '어째서 저희는 그 영을 쫓아내지 못하였습니까?' 하고 물었다. 예수님께서는 이렇게 대답하셨다. '그러한 것은 기도가 아니면 다른 어떤 방법으로도 나가게 할 수 없다.'"
(마르 9,14-29)

"우리의 나약함은 결코 우리를 하느님에게서 멀어지게 하는 이유가 될 수 없습니다. 우리가 해야 하는 일은, 우리를 믿고 계시는 하느님 그분을 위하여 우리 결점들을 없애려고 노력하는 것입니다. 어떻게 해야 우리의 못남을 극복할 수 있을까요? 이미 이야기하였지만 그만큼 중요한 것이므로 다시 요약해보겠습니다. 겸손한 마음으로 영적 지도를 충실히 받으며, 고해성사에 충실히 임하십시오. 마음을 넓게 열고 여러분의 영혼을 지도해줄 사람을 찾아가십시오. 마음을 닫아서는 안 됩니다. 벙어리 마귀가 들어가면, 그 영을 내보내기가 무척 어렵기 때문입니다.

이 점을 강조하는 이유는, 겸손과 성실함이 서로 끈으로 연결되어 있다는 사실을 여러분 마음에 깊이 새기는 것이 절대적으로 필요하기 때문입니다. 이 두 가지 덕목은 함께 작용하여 확고한 승리를 얻어 내는 바탕이 됩니다. 만일 벙어리 마귀가 영혼속으로 들어오면 모든 것이 파괴됩니다. 다른 한편, 만일 벙어리 마귀를 바로 내쫓는다면 모든 것이 좋아질 것입니다. 우리는 행복해지고 싶은 올바른 방향으로 나아갑니다. 언제나 철두철미 빈틈없이, 그러나 예의를 갖추어 성실하게 살아갑시다.

한 가지를 분명히 하고 싶습니다. 제 마음과 육신에 대한 걱정보다 교만함이 더 걱정입니다. 겸손해지십시오. 만일 여러분이 완전히 올바르게 살고 있다고 생각한다면, 그것은 옳은 판단이 아닙니다. 여러분의 마음을 활짝 열고 영적 지도를 받으러 가십시오. 마음을 닫으면 안 됩니다. 왜냐하면 거듭 강조하건대, 벙어리 마귀가 들어오면 그를 내보내기 어렵기 때문입니다. 벙어리 마귀에 사로잡힌 가엾은 아이를 기억해 봅시다. 제자들은 그 아이를 자유롭게 해주지 못했습니다. 오직 주님만이 기도와 단식으로 그를 해방시켜줄 수 있었습니다. 이 이야기에서 주님께서는 세 가지 기적을 일으키셨습니다. 첫째, 소년이 들을 수 있게 해주셨습니다. 벙어리 마귀가 아이를 사로잡고 있을 때에는 영혼이 듣기를 거부합니다, 둘째, 소년이 말할 수 있게 해주셨고, 셋째, 더러운 영을 쫓아내셨습니다.

먼저 여러분이 숨기고 싶은 것을 말하십시오. 벙어리 마귀를 몰아내십시오! 덫에 걸려 있는 여러분의 마음속에서 작은 것부터 계속해서 바꾸어 나감으로써 작은 눈덩이를 크게 키울 수 있을 것입니다. 이때 중요한 것은 무엇일까요? 여러분의 영혼을 활짝 여는 것입니다! 여러분이 성실하게 임한다면, 여러분은 그리스도인의 생활방식을 충실히 따르면서 반드시 행복해지리라고 약속드릴 수 있습니다. 명료함과 단순함, 이 두 가지는 절대적으로 필요한 태도입니다. 우리 영혼을 완전히 열어야만, 하느님의 빛과 사랑이 우리 안으로 들어올 수 있습니다.

항상 나쁜 의도 때문에 온전히 솔직하지 못하게 되는 것만은 아닙니다. 때때로 잘못된 양심 때문에 솔직하지 못하기도 합니다. 어떤 사람들은 자기 양심을 기형으로 만들어버리기까지 합니다. 그러다 보니, 자신이 말을 잘하지 못하거나 단순함이 부족한 점을 좋은 특성이라고 여깁니다. 그들은 아무 말도 하지 않는 것이 좋다고 생각합니다. 특별한 훈련을 받아서 하느님에 관해 제법 알고 있는 사람들에게도 이런 일이 벌어질 수 있습니다. 무언가가 그들에게 아무 말도 해서는 안 된다고 그릇된 확신을 일으키고 있습니다. 그러나 그들은 틀렸습니다. 성실함은 언제나 반드시 필요합니다. 아무리 그럴듯한 이유를 늘어놓더라도 핑계일 뿐입니다."[1]

---

[1] 하느님의친구들, 187-189.

# 영적 어린이

"그들은 카파르나움에 이르렀다. 예수님께서는 집 안에 계실 때에 제자들에게, '너희는 길에서 무슨 일로 논쟁하였느냐?' 하고 물으셨다. 그러나 그들은 입을 열지 않았다. 누가 가장 큰 사람이냐 하는 문제로 길에서 논쟁하였기 때문이다. 예수님께서는 자리에 앉으셔서 열두 제자를 불러 말씀하셨다. '누구든지 첫째가 되려면, 모든 이의 꼴찌가 되고 모든 이의 종이 되어야 한다. 그러고 나서 어린이 하나를 데려다가 그들 가운데에 세우신 다음, 그를 껴안으시며 그들에게 이르셨다. 누구든지 이런 어린이 하나를 내 이름으로 받아들이면 나를 받아들이는 것이다. 그리고 나를 받아들이는 사람은 나를 받아들이는 것이 아니라 나를 보내신 분을 받아들이는 것이다.'"
(마르 9,33-37)

"예수님의 말씀과 행동이 우리로 하여금 그분을 사랑하게 만들지 않습니까? 주님은 가르침을 주시고, 그 가르침을 이해시켜 주시며, 살아 있는 본보기를 보여 주십니다. 그분은 집에서 놀고 있는 어린이들 가운데 하나를 불러 사랑스럽게 껴안으십니다. 우리 주님의 침묵이 얼마나 웅변적입니까! 이로써 주님은 모든 것을 말씀하셨습니다. 그분은 어린이 같은 사람을 사랑하십니다. 주님께서는 단순한 영혼, 겸손한 영혼이 받을 상이 무엇인지 덧붙여 말씀하십니다. 그러한 영혼은 주님과 하늘에 계신 아버지를 껴안는 기쁨을 누리게 될 것입니다."[1]

"그때에 제자들이 예수님께 다가와, '하늘 나라에서는 누가 가장 큰 사람입니까?' 하고 물었다. 그러자 예수님께서 어린이 하나를 불러 그들 가운데에 세우시고 이르셨다. '내가 진실로 너희에게 말한다. 너희가 회개하여 어린이처럼 되지 않으면, 결코 하늘 나라에 들어가지 못한다. 그러므로 누구든지 이 어린이처럼 자신을 낮추는 이가 하늘 나라에서 가장 큰 사람이다.'(마태 18,1-4)"

어린이가 되기 위해서 우리는 오만한 마음을 버려야 하고, 우리 스스로의 힘으로 모든 것을 할 수 있다는 아집을 버려야만 합니다. 다시 말해, 우리 자신의 힘으로는 아무것도 할 수 없다는 사실을 인정해야 합니다. 우리는 하느님의 은총이 필요하다는 것을 깨달아야 하고, 우리의 길을 찾아 그 길을 계속 가기 위해서 아버지 하느님의 도움이 절실하다는 사실을 깨우쳐야 합니다. 영적 어린이가 되기

---

[1] 하느님의 친구들. 102.

위해 우리는 어린아이들이 그렇듯 자기 자신을 포기해야 합니다. 어린아이들이 믿는 것처럼 믿어야 하며, 어린아이들이 애원하듯이 하느님께 애원해야 합니다.

그리고 우리는 이 모든 것을 성모 마리아에게서 배웁니다. 왜냐하면 마리아는 우리의 어머니이시며, 성모님께 대한 공경은 우리가 영적으로 진정한 어린아이가 되도록 가르쳐 주기 때문입니다. 성모님이 가르쳐 주시는 첫 번째 방법은 아무런 조건없이 진심으로 사랑하는 것입니다. 두 번째는 참으로 단순해지는 것입니다. 그러려면 복잡한 문제들에서 벗어나야 하는데, 복잡한 문제들은 항상 자기 자신만을 이기적으로 생각할 때 발생합니다. 세 번째는 그 무엇도 우리의 희망을 무너뜨릴 수 없다는 진실을 깨달음으로써 행복해지는 것입니다. 성모님을 신뢰하고 사랑하다 보면 결국 예수님께 대한 사랑으로 충만해진 여러분 자신을 만나게 될 것입니다."[2]

"어린아이가 된다는 것은 얼마나 좋은 일인지요! 어른은 무엇을 부탁할 때 자신이 부탁할 만한 공로가 있다는 사실을 내세우는 게 보통입니다. 부탁하는 쪽이 어린아이라면, 아이들은 아무런 공로가 없으므로, 이렇게 말하는 것만으로 충분합니다. '저는 누구누구의 아들이에요.' 이제 온 마음을 다해 이렇게 말씀드리십시오. 오 주님, 저는 하느님의 자녀입니다."[3]

---

[2] 그리스도께서 지나가신다, 143.

[3] 길, 892.

# 착한 목자

"'내가 진실로 진실로 너희에게 말한다. 양 우리에 들어갈 때에 문으로 들어가지 않고 다른 데로 넘어 들어가는 자는 도둑 이며 강도다. 그러나 문으로 들어가는 이는 양들의 목자다. 문지기는 목자에게 문을 열어 주고, 양들은 그의 목소리를 알아듣는다. 그리고 목자는 자기 양들의 이름을 하나하나 불러 밖으로 데리고 나간다. 이렇게 자기 양들을 모두 밖으로 이끌어 낸 다음, 그는 앞장서 가고 양들은 그를 따른다. 양들이 그의 목소리를 알기 때문이다. 그러나 낯선 사람은 따르지 않고 오히려 피해 달아난다. 낯선 사람들의 목소리를 알지 못하기 때문이다.' 예수님께서 그들에게 이 비유를 말씀하셨다. 그러나 그들은 예수님께서 자기들에게 이야기하시는 것이 무슨 뜻인지 깨닫지 못하였다. 예수님께서 다시 이르셨다. '내가 진실로 진실로 너희에게 말한다. 나는 양들의 문이다. 나보다 먼저 온 자들은 모두 도둑이며 강도다. 그래서 양들은 그들의 말을 듣지 않았다. 나는 문이다. 누구든지 나를 통하여 들어오면 구원을 받고, 또 드나들며 풀밭을 찾아 얻을 것이다. 도둑은 다만 훔치고 죽이고 멸망시키려고 올뿐이다. 그러나 나는 양들이 생명을 얻고 또 얻어 넘치게 하려고 왔다. 나는 착한 목자다. 착한 목자는 양들을 위하여 자기 목숨을 내놓는다'" (요한 10,1-11)

"아주 오래전 일이 생각납니다. 제가 몇몇 친구들과 함께 카스티야 (스페인 중부 고원지대)에서 길을 걷고 있었는데, 그때 멀리 들판에 무언가가 보였습니다. 그 장면이 당시 저에게는 매우 인상적이었고, 그 뒤로도 자주 제 기도에 도움을 주었습니다. 몇몇 사람들이 큰 망치로 땅에 나무 말뚝들을 박고 있었는데, 그 말뚝들에 그물을 걸어 양 우리를 만드는 것이었죠. 그다음에 목자들은 자신의 양과 함께 와서 양들의 이름을 불렀고, 그러자 양들이 하나하나 우리 안으로 들어갔습니다. 양들은 우리 안에서 모두 함께 있으면서 편안하고 안전했을 것입니다.

오늘 저는 그때의 목자들과 양 우리를 떠올립니다. 왜냐하면 여기 모인 우리 모두는 많은 세상 사람들과 더불어 주님의 양 우리에 불리었다는 것을 알고 있기 때문입니다. 주님께서는 친히 우리에게 말씀하셨습니다. '나는 착한 목자다. 나는 내 양들을 알고 내양들은 나를 안다.'(요한 10,14) 주님은 우리를 잘 아십니다. 주님은 우리가 착한 목자의 목소리를 얼마나 듣고 싶어 하는지, 얼마나 그 소리에 주의를 기울이고 있는지 알고 계십니다. 왜냐하면 '영원한 생명이란 홀로 참 하느님이신 아버지를 알고 아버지께서 보내신 예수 그리스도를 아는 것'(요한 17,3)이기 때문입니다.

　　그리스도께서 당신의 양들과 함께 계시는 모습은 저에게 커다란 의미가 있는 것이었습니다. 그래서 제가 날마다 미사를 봉헌하는 성당에 그 장면을 그려 넣도록 하였습니다. 그리고 다른 곳에도 예수님의 말씀, 곧 '나는 착한 목자다. 나는 내 양들을 알고 내 양들은 나를 안다.'라는 말씀을 새겨 넣어 하느님의 현존을 일깨워 주도록 하였습니다. 이 말씀은, 그분께서 마치 목자가 양 떼에게 하는 것처럼, 우리 곁에 계시면서 우리를 '꾸짖으시고 훈육하시고 가르치신다는 것'(집회 18,13)을 끊임없이 상기시켜 줍니다."[1]

　　"그리스도께서는 당신의 교회에 '교리에 대한 확신'을 주셨고, 성사 안에 깃들어 흐르는 은총을 선사하셨습니다. 또한 우리를 인도하고 이끌며 우리가 가야 할 길을 끊임없이 일깨워줄 사람들이 항상 존재하도록 배려하셨습니다. 우리에겐 언제나 활용할 수 있는 무한한 지식의 보고가 있습니다. 즉, 교회가 안전하게 보전해온 하느님의 말씀, 성사 안에 주어진 그리스도의 은총, 그리고 우리 곁에서 살아가는 이들의 증언과 본보기 또한 지혜의 보물들 중 하나입니다. 그들은 자신의 선한 삶을 통해 하느님께 충실하게 나아가는 방법을 아는 사람들입니다.

---

[1] 하느님의 친구들, 1.

(…) 예수님의 신부인 교회는, 오늘날에도 그렇듯이, 항상 풍성하게 많은 착한 목자들을 통해 스스로의 거룩함을 드러냅니다. 우리의 그리스도교 신앙은 우리가 단순해져야 한다고 가르칩니다. 그러나 아둔해지라고 요구하는 것은 아닙니다. 침묵하는 이들도 있고, 그리스도의 말씀이 아닌 말들로 이야기하는 사람들도 있습니다. 그렇기 때문에 착한 목자를 찾아가야 합니다. 사소한 일에서조차 주님께서 우리를 어둠 속에 내버려 두신다고 느낄 때가 있습니다. 우리의 믿음이 굳건하지 않다고 느낄 때가 있습니다. 그럴 때야말로 우리는 선한 목자에게 가야만 합니다. 선한 목자는 당연히 문을 열고 들어와서 다른 사람들을 위해 자신의 생명을 바칩니다. 또한, 자신의 말과 행동으로 사랑에 빠진 영혼이 되고자 합니다. 그 또한 죄인이긴 마찬가지지만, 언제나 그리스도의 용서와 자비를 믿는 점이 다릅니다."

(…) 예수님의 신부인 교회는 – 오늘날에도 그렇듯이 – 항상 풍성하게 많은 착한 목자들을 통해 스스로의 거룩함을 드러냅니다. 우리의 그리스도교 신앙은 우리가 단순해져야 한다고 가르칩니다. 그러나 아둔해지라고 요구하는 것은 아닙니다. 침묵하는 이들도 있고, 그리스도의 말씀이 아닌 말들로 이야기하는 사람들도 있습니다. 그렇기 때문에 착한 목자를 찾아가야 합니다. 사소한 일에서조차 주님께서 우리를 어둠 속에 내버려두신다고 느낄 때가 있습니다. 우리의 믿음이 굳건하지 않다고 느낄 때가 있습니다. 그럴 때야말로 우리는 선한 목자에게 가야만 합니다. 선한 목자는 당연히 문을 열고 들어와서 다른 사람들을 위해 자신의 생명을 바칩니다.

또한, 자신의 말과 행동으로 사랑에 빠진 영혼이 되고자 합니다. 그 또한 죄인이긴 마찬가지지만, 언제나 그리스도의 용서와 자비를 믿는 점이 다릅니다."[2]

---

[2] 그리스도께서 지나가신다, 34.

# 예수님의 기도

"다음 날 새벽 아직 캄캄할 때, 예수님께서는 일어나 외딴곳으로 나가시어 그곳에서 기도하셨다. 시몬과 그 일행이 예수님을 찾아 나섰다가 그분을 만나자, '모두 스승님을 찾고 있습니다.' 하고 말하였다." (마르 1,35-27)

"그 무렵에 예수님께서는 기도하시려고 산으로 나가시어, 밤을 새우며 하느님께 기도하셨다. 그리고 날이 새자 제자들을 부르시어 그들 가운데에서 열둘을 뽑으셨다. 그들을 사도라고도 부르셨다." (루카 6,12-13)

"예수님의 행동을 주의 깊게 살펴보는 일은 매우 중요합니다. 왜냐하면 그분은 아버지 하느님께 이르는 길을 보여주러 오셨기 때문입니다. 주님과 함께하면 우리의 모든 행동, 비록 가장 사소한 것으로 보이는 행동조차도 초자연적인 차원을 지니게 될 것입니다. 우리는 영원함을 생생하게 인식하면서 인생의 모든 순간을 사는 법을 배울 것이고, 하느님과 내밀한 대화를 나누는 시간의 필요성을 더욱 깊이 이해할 것입니다. 그리하여 주님을 알게 되고, 주님께 기도하게 되며, 주님을 찬미하고, 감사의 행위를 하며, 주님께 귀를 기울이고, 아주 간단히 말해서, 주님과 함께 있게 될 것입니다.

오래전에 제가 주님의 행동 방식을 성찰하면서 도달한 결론은, 사도직은 그 무엇이건 간에 내적 생활에서 흘러나오는 것이어야 한다는 사실입니다. 그리스도께서 처음에 열두 제자를 선정하시는 방법을 보여주는 성경 구절들은 저에게 가장 자연스러운 동시에 아주 초자연적인 것으로 여겨집니다. 루카 성인에 따르면, 예수님께서는 제자들을 뽑으시기 전에 '밤을 새우며 하느님께 기도하셨다.'(루카 6,12)고 합니다. 베타니아에서 있었던 일도 생각해봅시다. 예수님께서는 친구 라자로의 죽음에 눈물을 흘리시고, 그를 죽은 이들 가운데서 일으키시기 전에 하늘을 우러러보시며 말씀하십니다. '아버지, 제 말씀을 들어주셨으니 아버지께 감사드립니다.'(요한 11,41) 이 이야기가 우리에게 주는 메시지는 이것입니다. 만일 우리가 다른 사람들을 도와주고 싶다면, 만일 우리가 참으로 다른 사람들이 이 세상에서 참된 생명의 의미를 발견하도록 격려해주고 싶다면, 무슨 일이든 기도를 바탕으로 해야 한다는 것입니다.

우리가 모두 살펴볼 수는 없지만, 복음서에는 예수님께서 아버지 하느님께 이야기하시는 장면이 많이 나옵니다. 그 가운데 예수님의 수난과 죽음 직전의 긴박했던 시간만큼은 함께 성찰해보고 싶습니다. 그 시간은, 그리스도께서 우리에게 하느님의 사랑을 다시 한

번 되새기게 해줄 위대한 희생을 준비하시는 때였습니다. 그 친교의 다락방에서 예수님의 성심이 사랑으로 넘쳐흐릅니다. 예수님께서는 아버지께 기도하시고, 성령의 오심을 알리시며, 제자들에게 열렬한 사랑과 믿음을 한결같이 간직하도록 격려하십니다.

우리 구세주의 열렬한 기도는 겟세마니 동산에서도 계속됩니다. 예수님은 이제 곧 수난이 시작될 것임을 알고 계십니다. 온갖 모욕과 고통이 임박했습니다. 죄인들이 매달리는 무자비한 십자가, 주님께서 그토록 열망하시던 십자가가 기다리고 있습니다. '아버지, 아버지께서 원하시면 이 잔을 저에게서 거두어 주십시오.'(루카 22,42) 그러시고는 곧이어 말씀하십니다. '그러나 제 뜻이 아니라 아버지의 뜻이 이루어지게 하십시오.'(루카 22,42) 나중에, 영원한 사제의 모습으로서 두 팔을 넓게 펼치시고 십자가에 못 박히신 예수님께서는 아버지께 말씀하십니다. '제 영을 아버지 손에 맡깁니다.'"(루카 23,46)[1]

---

[1] 하느님의 친구들, 239-240.

# 돌아온 탕자의 비유

"그가 아직도 멀리 떨어져 있을 때에 아버지가 그를 보고 가엾은 마음이 들었다. 그리고 달려가 아들의 목을 껴안고 입을 맞추었다. 아들이 아버지에게 말하였다. '아버지, 제가 하늘과 아버지께 죄를 지었습니다. 저는 아버지의 아들이라고 불릴 자격이 없습니다." (…) "그러나 아버지는 종들에게 일렀다. '어서 가장 좋은 옷을 가져다 입히고 손에 반지를 끼우고 발에 신발을 신겨 주어라. 그리고 살진 송아지를 끌어다가 잡아라. 먹고 즐기자. 나의 이 아들은 죽었다가 다시 살아났고 내가 잃었다가 도로 찾았다.' 그리하여 그들은 즐거운 잔치를 벌이기 시작하였다." (루카15,20-24)

"'그가 아직도 멀리 떨어져 있을 때, 아버지가 그를 보고 가엾은 마음이 들었다. 그리고 달려가 아들의 목을 껴안고 입을 맞추었다.' 성서에는 이렇게 쓰여 있습니다. 아버지는 아들에게 입을 맞추었습니다. 이보다 더 인간적으로 얘기할 수 있을까요? 인간을 향한 하느님의 부성애를 이보다 더 생생하게 묘사할 수 있을까요? 하느님께서 우리를 향해 달려오실 때 우리는 침묵할 수 없습니다. 우리는 바오로 성인과 함께 '아빠, 아버지 (Abba, Pater)'라고 외칩니다. 비록 하느님께서는 우주의 창조주이시지만, 우리가 어마어마한 찬양으로 반기지 않더라도 괘념하지 않으시며, 당신의 위대하심을 우리가 알지 못하더라도 신경 쓰시지 않습니다. 그분은 우리가 당신을 '아버지'라고 부르길 원하십니다. 하느님께서는 우리 영혼이 기쁨에 가득 차서 이 말씀을 음미하길 원하시는 것입니다.

어찌 보면, 인간의 삶이란 끊임없이 아버지의 집으로 돌아가는 여정입니다. 통회 (痛悔)를 통해서, 마음의 회개를 통해서 우리는 아버지의 집으로 돌아갑니다. 우리 마음의 회개는 스스로 변화하고 싶은 열망을 의미합니다. 우리 삶을 개선하고 싶은 굳센 결심, 희생이란 말로 표현되는 그 확고한 결심을 통해서 말입니다. 즉, 우리의 죄를 고백함으로써 예수 그리스도를 다시 입고, 그분의 형제이자 하느님의 가족이 되는 '용서의 성사'를 통해 아버지의 집으로 돌아가는 것입니다. 하느님께서는 예화 속 아버지처럼 우리를 기다리십니다. 비록 우리가 그럴 자격이 없지만, 두 팔을 벌리고 기다리시는 것입니다. 우리의 빚이 얼마나 많은지는 결코 중요하지 않습니다. 방탕한 아들과 똑같이, 우리가 해야 할 일은 마음을 열고 아버지의 집을 그리워하는 것뿐입니다. 하느님께 드리는 우리의 응답은 너무나 누추합니다. 그런데도 하느님께서는 우리를 당신의 자녀라고 부를 수 있게 해주셨습니다. 실제로 당신의 자녀가 되게 해 주신 것입니다. 이 거룩한 선물에 놀라고 기뻐하는 것만이 우리가 해야 할 일인 것입니다.”[1]

　　“그리스도인에게 기쁨이란 보물입니다. 오직 하느님을 거슬렀을 때만 우리는 기쁨을 잃게 됩니다. 왜냐하면 죄는 이기심의 열매이고, 이기심은 슬픔의 뿌리이기 때문입니다. 하지만 그런 상황에서도 우리 영혼의 파편 아래로 약간의 기쁨이 살아남습니다. 하느님도, 성모님도 우리를 결코 잊지 않으신다는 사실을 알기 때문입니다. 만약 우리가 회개한다면, 슬퍼하는 몸짓이 우리 마음에서 우러나온다면, 고해성사를 통해 우리 자신을 깨끗하게 한 다면, 하느님께서는 우리를 만나 용서하시기 위해 오실 것입니다. 그렇게 되면 어떤 슬픔도 우리에게 있을 수 없습니다. 복음서에 ‘너의 저 아우는 죽었다가 다시 살아났고, 내가 잃었다가 되찾았다. 그러니 즐기고 기뻐해야 한다.’(루카 15,32) 라고 하신 것처럼 우리에겐 오직 기뻐할 권리만이 있을 뿐입니다. 이 말씀은 ‘돌아온 탕자’ 예화의 놀라운 결말입니다. 우리는 이 말씀을 쉼 없이 묵상할 것입니다.”[2]

---

[1] 그리스도께서 지나가신다, 64.

[2] 그리스도께서 지나가신다, 178.

# 바르티매오 (눈 먼 거지)

"그들은 예리코에 들어갔다. 예수님께서 제자들과 많은 군중과 더불어 예리코를 떠나실 때에, 티매오의 아들 바르티매오라는 눈 먼 거지가 길가에 앉아 있다가, 나자렛 사람 예수님이라는 소리를 듣고, '다윗의 자손 예수님, 저에게 자비를 베풀어 주십시오.' 하고 외치기 시작하였다." (마르 10,46-47)

"저는 여러분에게 이 기적이 일어나기 전의 상황을 천천히 묵상해 보도록 권고합니다. 이는 예수님의 자비하신 성심과 우리 자신의 천박한 마음이 얼마나 극명한 대조를 이루는지 깨닫도록 도와줍니다. 특히 여러분이 시련과 유혹을 당할 때에, 그리고 여러분 자신의 조그만 의무를 충실히 이행해야 할 때에, 또는 영웅적 행동이 요청될 때에 도움이 될 것입니다.

'많은 이가 그에게 잠자코 있으라고 꾸짖었다.'(마르 10,48) 예수님께서 여러분 곁을 지나가고 계십니다. 여러분의 심장박동은 더욱 빨라지고, 간절한 마음으로 그분을 향해 외치기 시작합니다.

그때 여러분의 친구들, 늘 해오던 관행, 안락한 삶, 주변 환경 등이 모두 공모해 여러분을 꾸짖습니다. '조용히 해, 소리 지르지 마. 예수님을 부르는 사람이 누구야? 그분을 성가시게 하지 마.'

그러나 가엾은 바르티매오는 들으려 하지 않았습니다. 그는 더욱더 크게 외쳤습니다. '다윗의 자손 예수님, 저에게 자비를 베풀어 주십시오.' 처음부터 그의 목소리에 귀를 기울이신 우리 주님은 그가 인내심을 갖고 기도하게 해 주십니다. 그분께서는 우리에게도 똑같이 해 주십니다. 예수님께서는 처음부터 저희의 외침을 듣고 계시지만, 기다리고 계십니다. 저희가 주님을 필요로 한다는 확신을 갖길 바라며 기다리시는 것입니다. 예리코를 나서는 길목에서 기다리던 눈먼 사람처럼 우리도 끈질기게 당신께 간청하기를 바라십니다.

'예수님께서 걸음을 멈추시고, '그를 불러오너라.' 하셨다. 사람들이 그를 부르며 '용기를 내어 일어나게. 예수님께서 당신을 부르시네.' 하고 말하였다.'(마르 10,49). 여러분은 그리스도의 소명을 받았습니다! 그러나 하느님께서는 단 한 번만 부르시는 것이 아닙니다. 우리 주님께서는 매 순간 우리를 찾고 계심을 늘 명심하십시오. 주님께서 이렇게 말씀하십니다. '일어나라, 너의 게으름과 안락함과 이기심과 어리석음과 사소한 문제들을 내려놓아라. 꼴사납게 엎드려 있는 땅바닥에서 일어나라. 더 성장하고 더 성숙해지고, 초자연적인 일들에까지 시야를 넓혀라.'

'그는 겉옷을 벗어 던지고 벌떡 일어나 예수님께 갔다.'(마르 10,50). 그는 겉옷을 벗어 던졌습니다! 여러분이 전쟁을 경험한 적이 있는지 모르겠습니다만, 오래전에 저는 한 가지 서약을 한 직후에 전쟁터를 방문한 적이 있었습니다. 거기에는 군인들의 외투, 수통, 그리고 기념품, 편지, 사랑하는 사람들의 사진 등이 들어 있는 배낭이 널려 있었습니다. 그것들은 모두 패자들의 것이 아니라 승자들의 것이었습니다. 이 모든 것들은 적의 방어선을 뚫고 질주하는 이들에게 불필요한 것들이었습니다. 그리스도를 향해 나아가는 바르티매오에게도 똑같은 일이 일어났습니다.

그리스도께 가까이 다가가는 데에는 반드시 희생이 필요합니다. 길을 가는 데 방해가 되는 외투, 배낭, 수통을 모두 버려야 합니다. "하느님의 영광을 위한 전투에서도, 그리스도의 왕국을 확장시키는 사랑과 평화의 행진에서도 마찬가지입니다. 교회, 교황님, 그리고 모든 영혼에게 봉사하려면, 불필요한 것들을 모두 기꺼이 버려야 하고, 밤의 혹독한 추위를 견디게 해주는 외투도 없이, 사랑하는 가족의 기념품도 없이, 기운을 차리게 해주는 물도 없이 나아가야 합니다. 믿음과 사랑에서 우리가 배우는 교훈은 이것입니다. 그리스도를 사랑한다는 것은 이런 것입니다.

이제 놀랍고도 감동적인 대화, 우리 마음을 뜨겁게 하는 대화가 시작됩니다. 여러분과 저는 바르티매오입니다. 하느님이신 그리스도께서 말씀을 시작하시며 물으십니다. '내가 너에게 무엇을 해주기를 바라느냐.' (마르 10,51). 그 눈먼 이가 대답합니다. '스승님,

제가 다시 볼 수 있게 해주십시오.'(마르 10,51). 얼마나 논리적입니까! 여러분 자신은 어떻습니까? 여러분은 정말 볼 수 있습니까? 여러분은 때때로 예리코의 눈먼 사람에게 일어난 일을 경험하지 않습니까? 여러 해 전에 이 성경 구절을 묵상할 때를 저는 결코 잊을 수 없습니다. 비록 그것이 무엇인지 몰랐지만, 예수님께서 저에게 무언가를 기대하신다는 것을 깨닫고는 열망을 갖게 되었습니다. '주님, 주님께서 바라시는 것이 무엇입니까? 저에게 무엇을 바라십니까?' 저는 주님께서 새로운 어떤 일을 제가 감당하길 바라신다는 느낌을 갖게 되었고, '스승님, 제가 볼 수 있게 해주십시오.' 하는 외침에 힘입어 그리스도께 거듭 간청했습니다. '주님, 주님께서 바라시는 것이라면 무엇이든지 이루어지게 하소서.'

우리는 다시 예리코를 떠나는 길목으로 돌아가 보겠습니다. 이제 그리스도께서 여러분에게 이야기하십니다. 여러분에게 물으십니다. '내가 너에게 무엇을 해주기를 바라느냐?' '스승님, 제가 다시 볼 수 있게 해주십시오.' 그러면 예수님께서 말씀하십니다. '가거라. 네 믿음이 너를 구원하였다.' 그러자 '그가 곧 다시 보게 되었다. 그리고 그는 예수님을 따라 길을 나섰다.'(마르 10,52) 이제 여러분은 우리 주님께서 여러분에게 요구하는 것이 무엇인지 이해했고, 그분을 따라 길을 나서기로 결심했습니다. 여러분은 주님의 발자국을 따라 걷고 그분의 옷을 입으며 그분 자신이 되고자 노력하고 있습니다. 여러분의 믿음은 우리 주님께서 주시는 빛 안에서 외적 행동과 희생으로 드러나야 합니다. 자신을 속이지 마십시오. 여러분이 새로운 길을 찾을 것이라고 생각하지 마십시오. 주님께서 우리에게 요구하시는 믿음은 이미 제가 이야기한 것과 같습니다. 우리는 주님의 발걸음과 보조를 맞추어 너그럽게 일해야 하며, 동시에 길을 가로막는 것을 모두 뿌리 뽑고 제거해야 합니다."[1]

---

[1] 하느님의 친구들, 195-198.

# 새로운 계명

"파스카 축제가 시작되기 전, 예수님께서는 이 세상에서 아버지께로 건너가실 때가 온 것을 아셨다. 그분께서는 이 세상에서 사랑하신 당신의 사람들을 끝까지 사랑하셨다." (요한 13,1)

"요한복음의 이 구절을 읽는 사람은 곧 엄청난 일이 일어나리라는 사실을 알게 됩니다. 따뜻한 사랑으로 가득한 이 도입부는 루카 복음의 다음 구절과 유사합니다. 그리고 주님께서 그들에게 이르셨다. '내가 고난을 겪기 전에 너희와 함께 이 파스카 음식을 먹기를 간절히 바랐다.'(루카 22,15)." [1]

"이제 최후의 만찬 때입니다. 그리스도께서는 제자들과 작별하기에 앞서 모든 것을 준비하셨고, 반면에 제자들은 여러 차례에 걸쳐 뽑힌 이들 가운데 가장 위대한 사람이 누구인지에 대한 논쟁에 빠져 있었습니다. 그러자 예수님께서는 '식탁에서 일어나시어 겉옷을 벗으시고 수건을 들어 허리에 두르셨습니다. 그리고 대야에 물을

---

[1] 그리스도께서 지나가신다, 83.

부어 제자들의 발을 씻어 주시고, 허리에 두르신 수건으로 닦기 시작하셨습니다.'(요한 13,4-5) 주님께서는 한 번 더 몸소 모범을 보여주셨습니다. 교만과 허영에 휩싸여 논쟁에 빠져 있는 제자들 앞에서, 예수님께서는 몸을 굽히시고 기꺼이 종이 하는 일을 하십니다. 제자들의 발을 씻어 주신 다음, 다시 식탁에 앉으시어 그들에게 이르십니다.

**"내가 너희에게 한 일을 깨닫겠느냐? 너희가 나를 '스승님', 또 '주님' 하고 부르는데, 그렇게 하는 것이 옳다. 나는 사실 그러하다. 주님이며 스승인 내가 너희의 발을 씻었으면, 너희도 서로 발을 씻어 주어야 한다." (요한 13,12-14)**

"우리 주님의 본보기에서 저는 깊은 감동을 받습니다. 그분은 '만일 내가 이것을 한다면, 너희는 얼마나 더 많이 해야 하겠느냐?'라고 말씀하시지 않습니다. 주님은 자신을 제자들 눈높이에 맞추고, 그들에게 관대함이 부족하다는 것을 사랑스럽게 책망하십니다. 처음에 열두 제자에게 하신 것처럼, 또한 우리에게 하신 것처럼, 주님께서는 우리 귀에 거듭 속삭이십니다. '내가 본을 보여준 것이다.'(요한 13,15). '내가 너희에게 겸손의 모범을 보여주었다. 나는 종이 되었다. 그러니 너희도 온유하고 겸손한 마음으로 모든 이를 섬기는 법을 배워야 한다.'"[2]

---

2 하느님의 친구들, 103.

"수난의 시간이 다가오고 예수님께서는 당신이 사랑하는 이들에게 둘러싸여 계십니다. 그리스도의 성심이 말로 표현할 수 없이 불타올라 제자들에게 속마음을 털어놓으십니다.

**"내가 너희에게 새 계명을 준다. 서로 사랑하여라. 내가 너희를 사랑한 것처럼 너희도 서로 사랑하여라. 너희가 서로 사랑하면, 모든 사람이 그것을 보고 너희가 내 제자라는 것을 알게 될 것이다."** (요한 13,34-35).

　　주님, 주님께서는 왜 그것을 새 계명이라고 부르십니까? 우리가 이미 아는 바와 같이, 이웃을 사랑해야 한다는 계명은 구약성경에 나와 있습니다. 또한 예수님의 공생활 초기에 이 계명의 지평을 하느님다운 관대함으로 넓히셨음을 우리는 또한 기억합니다.

**"'네 이웃을 사랑해야 한다. 그리고 네 원수는 미워해야 한다.'고 이르신 말씀을 너희는 들었다. 그러나 나는 너희에게 말한다. 너희는 원수를 사랑하여라. 그리고 너희를 박해하는 자들을 위하여 기도하여라."** (마태 5,43-44)

　　그러나 주님, 다시 여쭙습니다. 주님께서는 왜 이 계명을 새롭다고 하십니까? 그날, 주님께서 십자가 제물이 되시기 몇 시간 전에 예루살렘까지 동행한, 우리처럼 나약하고 가엾은 그 제자들과 친밀한 대화를 나누시던 중, 예전에는 결코 생각할 수 없었던 사랑의 기준을 보여주셨습니다. '내가 너희를 사랑한 것처럼.' 사도들은 주님을 얼마나 잘 이해했어야 했고, 주님의 무한한 사랑을 얼마나 열심히 몸소 보여주었어야 했습니까! 우리 주 예수 그리스도께서는 강생하시어 인간 본성을 취하시고 모든 덕행의 본보기를 몸소 인류에게 보여주셨습니다. '나는 마음이 온유하고 겸손하니 내 멍에를 메고 나에게 배워라.'(마태 11,29)

주님께서는 그리스도인의 표지를 사도들에게 설명하실 때, '너희가 겸손하기 때문에'라고 하지 않으십니다. 그분은 지극히 순결하시고 아무런 흠도 없으신 어린 양이십니다. 그 어떤 것도 주님의 완전하고 흠 없는 거룩함을 훼손할 수 없습니다. 그러나 주님께서는 '너희가 순결하고 순수하기 때문에 내 제자로 알려질 것이다'라고 하지도 않으십니다. 주님께서는 이 세상의 재화와는 완전히 떨어져 사셨습니다. 온 우주의 창조자이자 주님이신 분이지만, 그분은 머리를 기댈 곳조차 없었습니다. 그렇지만 그분은 '너희가 재화에 집착하지 않기 때문에 내 제자로 알려질 것이다'라고 하지도 않으십니다. 복음 선포를 시작하시기 전에 주님께서는 40일을 밤낮으로 단식하셨습니다. 그러나 다시 한번 말씀드리지만, 그분은 너희가 '먹보요 술꾼이 아니기 때문에 사람들에게 하느님의 종으로 알려질 것이다'라고 하지 않으십니다. 모든 세대에 걸쳐 참된 그리스도인과 사도의 뚜렷한 표지는 다름 아닌 바로 이것입니다. '너희가 서로 사랑하면, 모든 사람이 그것을 보고 너희가 내 제자라는 것을 알게 될 것이다.'" (요한 13,34-35)[3]

---

3 하느님의 친구들, 222-224.

# 성체성사

"예수님께서는 또 빵을 들고 감사를 드리신 다음, 그것을 떼어 사도들에게 주시며 말씀하셨다. '이는 너희를 위하여 내어주는 내 몸이다. 너희는 나를 기억하여 이를 행하여라.' 또 만찬을 드신 뒤에 같은 방식으로 잔을 들어 말씀하셨다. '이 잔은 너희를 위하여 흘리는 내 피로 맺는 새 계약이다.'" (루카 22,19-20)

"서로 사랑하는데 헤어질 수밖에 없는 두 사람이 있습니다. 그들의 인간적 체험을 한번 생각해봅시다. 그 사람들은 영원히 함께 머물고 싶어 할 것입니다. 하지만 서로 짊어진 의무가 어떤 형식으로건 그들을 억지로 갈라놓습니다. 그래서 서로 가까이 있고 싶은 열망을 이룰 수 없습니다. 그 사랑이 얼마나 위대하든 그렇지 못하든 간에 인간적 사랑에는 한계가 있으며, 그러기에 인간의 사랑은 상징적인 표현을 추구합니다. 그래서 작별하는 사람들은 서로 선물을 주고받거나 사진을 교환하지요. 그 사진을 불태우고도 남을 만한 서로에 대한 열정적인 헌신을 담아서 말입니다.

하지만 그 이상은 할 수 없습니다. 왜냐하면 피조물인 우리의 힘은 우리의 열망만큼 크지 않기 때문입니다. 하지만 우리가 할 수 없는 일을 우리 주님께서는 하실 수 있습니다. 참 하느님이시자 참 사람이신 예수님께서는 상징이 아닌 실재 (實在)를 우리에게 남겨 주십니다. 그분 자신이 우리와 함께 계시는 것입니다. 예수님은 아버지께 가실 것이지만, 동시에 우리 가운데 남아 계실 것입니다. 예수님은 단순히 당신을 기억하게 하는 상징만을 우리에게 남기시지 않을 것입니다. 금방 바래져 누렇게 되는 사진처럼 세월이 가면 흐려지는 그림만 남기시지도 않을 것입니다. 그런 것들은 같은 시대를 사는 당사자들이 아니면 아무런 의미가 없습니다. 하지만 예수님께서는 빵과 포도주의 형상으로, 당신의 성체와 성혈로, 그분의 영 (靈)과 신성 (神性)으로 영원히 현존하십니다."[1]

"거룩한 성체의 기적은 끊임없이 새로워지고 있습니다. 또한 성체성사는 예수님의 모든 개인적 특성을 담고 있습니다. 예수님은 참 하느님이시자 참 사람이시며, 하늘과 땅의 주인이십니다. 예수님은 가장 자연스럽고도 평범한 방법으로 당신 자신을 우리의 양식 (糧食)으로 내어주신 것입니다. 예수님의 사랑은 이천 년 동안 우리를 기다리고 계십니다. 매우 긴 세월이지만, 꼭 길다고 할 수도 없습니다. 왜냐하면 사랑에 빠지면 시간이 빨리 가는 법이니까요. 저는 아름다운 시 한 편을 기억합니다. 현자 (賢者) 알폰소 왕이 수집한 노래들 가운데 하나입니다. 그 노래는 어느 소박한 수도자에 관한 전설인데, 그는 성모님께 단 한순간이라도 좋으니 천국을 보여 달라고

---

[1] 그리스도께서 지나가신다, 83.

간구했다고 합니다. 성모님께서는 그의 소원을 들어주셨고, 그 선한 수도자는 천국에 있는 자신을 발견했습니다. 천국에서 돌아온 그는 자신이 살던 수도원을 알아볼 수 없었습니다. 매우 짧았다고 생각했던 그의 기도가 삼백 년이나 이어졌던 것입니다. 사랑에 빠진 사람에게는 삼백 년이라는 세월이 아무것도 아니었던 거지요.

바로 이것이 성체 안에서 우리를 기다리시는 그리스도에 대한 저의 설명입니다. 우리를 기다리시는 분은 하느님이십니다. 우리는 부족하고 이기적이고 변덕스럽지만, 하느님의 한없는 애정을 깨닫고 우리 자신을 그분께 온전히 봉헌할 수 있습니다. 하느님께서는 '있는 그대로의 우리'를 사랑하시고 끝까지 찾으십니다. '이것은 사랑의 기적입니다. 이것은 진실로 하느님 자녀들을 위한 양식입니다.' 영원하신 아버지의 아들인 예수님께서는 당신 자신을 우리의 음식으로 내어주십니다. 그리고 바로 그 예수님께서 우리를 '당신의 손님이자, 구원사업의 공동상속인이요, 동료'로서 받아들이기 위해 기다리고 계십니다. 그러므로 그리스도를 양식으로 품은 사람들은 죽음의 순간, 땅에서는 죽지만 영원히 살 것입니다. 그리스도는 영원한 생명이시기 때문입니다.

예수님께서는 제대의 성체 안에 숨어 계십니다. 우리가 용기를 내어 당신께 다가오기를 원하시기 때문입니다. 그분은 우리에게 양식이 되어 주심으로써 당신과 우리가 하나가 되길 바라십니다. 그분이 '너희는 나 없이 아무것도 하지 못한다.'(요한 15,5) 라고 말씀하셨을 때, 그리스도인들의 무능함을 탓하시거나 어렵고 힘든 경로로 당신을 찾아오라고 강요하신 것이 아닙니다. 오히려 반대로, 그분께서는 바로 여기에서 우리와 함께 머무르십니다. 그분은 완전히 우리와 같이 계시는 것입니다. 우리가 미사성제를 드리기 위해 제대 주위에서 서로 만날 때, 성광 (聖光) 안에 계신 성체를 묵상하거나 감실에 계신 주님을 경배할 때, 우리의 신앙은 더욱 굳세어져야 합니다. 우리가 받은 이 새 생명에 관해 깊이 생각해야 하며, 하느님의 사랑과 온유함에 감화돼야 합니다.

제게 있어서 감실 (龕室)은 언제나 '베타니아'였습니다. 그곳은 그리스도께서 머무셨던 조용하고 쾌적한 곳입니다. 베타니아에 살았던 마르타와 마리아와 라자로가 그랬던 것처럼, 단순하고도 자연스럽게 우리의 걱정과 아픔, 소망과 기쁨을 그분께 말씀드릴 수 있는 장소입니다. 그러므로 저는 어떤 마을, 또는 시골에서 우연히 교회를 찾을 때마다 매우 기쁩니다. 그곳은 또 하나의 감실이자, 제 영혼이 자유로워져 성사 (聖事) 안에서 스스로 주님과 하나 되는 또 다른 기회이기 때문입니다." [2]

---

2 그리스도께서 지나가신다, 151-154.

# 수난

"그때부터 예수님께서는 당신이 반드시 예루살렘에 가시어 원로들과 수석 사제들과 율법 학자들에게 많은 고난을 받고 죽임을 당하셨다가 사흘날에 되살아나셔야 한다는 것을 제자들에게 밝히기 시작하셨다." (마태 16,21)

"빌라도가 말합니다. '축제 때마다 군중이 원하는 죄수 하나를 풀어주는 관례가 있는데, 내가 누구를 풀어주길 원하오? 살인죄로 다른 이들과 함께 체포된 바라빠요 아니면, 예수요?' 유다의 지도자들에 의해 선동된 백성들은 예수를 사형에 처하고 바라빠를 풀어주라고 소리 지릅니다. 빌라도는 계속해서 말합니다. '그러면 메시아라고 하는 이 예수는 어떻게 하라는 말이요?' 그 자리에 있는 모든 사람들이 외칩니다. '십자가에 못 박으시오!' 빌라도는 그들에게 세 번째로 말합니다. '도대체 이 사람이 무슨 나쁜 짓을 하였다는 말이오? 나는 이 사람에게서 사형을 받아 마땅한 죄목을 하나도 찾지 못하였소.' 그러자 군중의 고함소리가 더욱 거세집니다. '십자가에 못 박으시오, 십자가에 못 박으시오!'

빌라도는 군중을 달래려고 바라빠를 풀어주고 예수님을 매질하라고 명령합니다. 그리하여 기둥에 묶이시어 상처투성이가 되신 예수님. 찢겨진 그 몸을, 그 죄 없으신 육신을 강타하는 채찍질 소리가 다시 들려오기 시작합니다. 더 많은 매가, 더 극심한 분노와 폭력이 이어집니다…이것은 인간의 잔인함이 이를 수 있는 극한입니다. 끝내 예수님이 완전히 지치셨을 때에야 예수님을 풀어 줍니다. 그리스도의 육신은 온갖 고통을 받아내고, 거의 죽은 상태로 땅에 넘어지십니다. 여러분과 나는 말을 이어갈 수 없습니다. 어떠한 말도 할 수 없습니다. 말이 필요 없는 상황입니다. 다만 말없이 그런 예수님을 바라보십시오. 천천히… 그렇게 바라보신 뒤에 어찌 여러분이 고해와 보속을 두려워할 수 있겠습니까?"[1]

"스스로 고통을 받으시려는 우리의 임금님, 예수님의 갈망이 온전히 충족되었습니다. 군사들은 총독 관저 뜰로 우리 주님을 데려가도록 부대를 집합시킵니다. 잔혹한 군인들이 지극히 순결하신 주님의 몸에서 옷을 벗깁니다. 그리고 낡아빠지고 지저분한 자주색 누더기를 예수님께 입혀드립니다. 오른손에는 갈대를 쥐게 합니다. 그들은 가시관을 엮어 예수님의 머리에 씌우고는, '유다인들의 임금, 만세!' 라고 하면서 그분을 조롱합니다. 갈대로 머리를 때리고, 침을 뱉습니다. 가시나무 관을 쓰시고, 자주색 누더기를 입으신 채로 예수님께서 백성들의 앞에 끌려 나오십니다. 빌라도가 말합니다: '이 사람을 보라'. 수석사제들과 성전 경비병들은 다시 큰 소리로 외쳐댑니다 '십자가에 못 박으시오! 십자가에 못 박으시오!' 혹시 여러분

---

[1] 거룩한 묵주기도, 고통의 신비 2단.

과 내가 예수님께 가시관을 씌우고, 때리고, 침을 뱉고 있는 건 아닌 가요?…더 이상 안 됩니다. 예수님, 더 이상은 안 됩니다…"[2]

"예수님께서는 십자가를 짊어지시고, 히브리말로 '골고타'라고 하는 '해골 터'를 향해 걸어가십니다. 이렇게 하여 '그가 죽음에 이르기까지 자신을 버리고 무법자들 가운데 하나로 헤아려졌다.'(이사 53,12)라는 이사야서의 말씀이 이루어졌습니다. 사실 다른 두 명의 죄수들도 사형 당하기 위해 예수님과 함께 끌려갔습니다. 만약 누군가 저를 따라오신다면… 친구여, 우리가 우리 주 예수님의 수난을 체험하면서 슬퍼하고 있지만, 보십시오. 우리 예수님께서는 얼마나 큰 사랑으로 십자가를 껴안고 계시는지 바라보십시오. 예수님에게서 배우십시오. 여러분을 위해 십자가를 지고 가시는 예수님을 위해 여러분도 십자가를 지고 가십시오.

그러나 자기 십자가를 질질 끌고 가지는 맙시다. 십자가를 어깨에 똑바로 짊어지십시오. 그렇게 똑바로 짊어진 여러분의 십자가는 보통의 십자가가 아니라, 거룩한 십자가가 될 것입니다. 그러니, 마지못해 체념해서 십자가를 짊어지지 맙시다. 십자가를 사랑하십시오. 여러분이 십자가를 진정으로 사랑한다면, 여러분의 십자가는 '고통스럽지 않은 십자가'가 될 것입니다. 여러분이 그렇게 확실히 하면, 여러분은 예수님처럼 십자가의 길에서 성모님을 만날 것입니다."[3]

---

2 거룩한 묵주기도, 고통의 신비 3단.

3 거룩한 묵주기도, 고통의 신비 4단.

# 예수님께서 십자가 위에서 돌아가심

"예수님께서는 몸소 십자가를 지시고 '해골 터'라는 곳으로 나가셨다. 그곳은 히브리말로 골고타라고 한다. 거기에서 그들은 예수님을 십자가에 못 박았다. 그리고 다른 두 사람도 예수님을 가운데로 하여 이쪽 저쪽에 하나씩 못 박았다. 빌라도는 명패를 써서 십자가 위에 달게 하였는데, 거기에는 '유다인들의 임금 나자렛 사람 예수'라고 쓰여 있었다." (요한 19,17-19)

"이제 그들은 주님을 십자가에 못 박고 있으며, 죄수 두 사람도 그분과 함께 십자가형에 처하여 좌우편에 한 사람씩 세워 놓습니다. 그러는 동안 예수님께서 말씀하십니다. '아버지, 저들을 용서해 주십시오. 저들은 자기들이 무슨 일을 하는지 모릅니다.'" (루카 23,34)

"예수님을 갈바리아까지 오게 한 것은 바로 사랑입니다. 그리고 십자가에 매달리신 후에도 그분의 모든 몸짓과 말씀에 사랑이 가득한데, 그것은 침착하고도 강한 사랑입니다. 아버지도 없고 어머니도 없고 족보도 없는 (참조 히브 7,3) 영원한 사제에 어울리는 표정으로 그분께서는 온 인류를 향하여 당신 팔을 벌리십니다. 예수님을 못 박는 망치질과 함께 성서의 예언적인 말씀이 메아리칩니다. '제 손과 발을 묶었습니다. 제 뼈는 낱낱이 셀 수 있게 되었는데 그들은 저를 보며 좋아라 합니다.'(시편 22, 16.18) '내 백성이라는 것들아, 대답해 보아라. 내가 너희를 어떻게 했으며, 너희에게 무슨 못할 일을 했느냐?'(미카 6,3) 그러자 우리의 영혼은 슬픔으로 찢어져서 진지하게 예수님께 말씀드립니다. '저는 당신의 것이옵고, 제 자신을 온전히 당신께 드리옵니다. 또한 저는 기쁘게 제 자신을 당신의 십자가에 못 박아서, 이 세상 한복판에서 당신께, 당신의 영광을 위해서, 당신의 구원 사업에, 그리고 전 인류를 함께 구원하는 일에 바쳐진 영혼이 되겠습니다.'

십자가의 맨 꼭대기 부분에 사형선고에 대한 이유가 기록돼 있습니다. '유다인들의 임금 나자렛 사람 예수.'(요한 19,19) 그 근처를 지나가는 모든 군중은 그를 모욕하고 그분을 바라보며 비웃어 댑니다. '이스라엘의 임금님이시면 지금 십자가에서 내려와 보시지.'(마태 27,42) 죄수 중 한 명이 예수님을 변호합니다. '이분은 아무런 잘못도 하지 않으셨다.'(루카 23,41) 그러고서는 예수님을 돌아보며 그 죄수는 믿음이 가득 찬 겸허한 요청을 합니다. '예수님, 선생님의 나라에 들어가실 때 저를 기억해 주십시오.'(루카 23,42)

예수님께서는 대답하십니다 '내가 진실로 너에게 말한다. 너는 오늘 나와 함께 낙원에 있을 것이다.'(루카 23,42-43) 십자가 밑에는 그분의 어머니 마리아가 다른 거룩한 부인들과 함께 서 계십니다. 예수님께서는 그분을 보신 후, 당신이 사랑하는 제자를 보시고 당신 어머니께 말씀하십니다. '여인이시여, 이 사람이 어머니의 아들입니다.'(요한 19,26) 그러고서는 그 제자에게 말씀하십니다. '이분이 네 어머니시다.'(요한 19,27)

태양은 빛을 잃고 어둠이 온 땅을 덮어 쌉니다. 오후 세 시쯤 되어 예수님께서는 부르짖습니다. '엘리 엘리 레마 사박다니?' 이 말씀은 '저의 하느님, 저의 하느님, 어찌하여 저를 버리셨습니까?'(마태 27,46)라는 뜻입니다. 그러고 나서 모든 것이 이제 다 끝났고 성서 말씀이 이뤄졌음을 아시고는 이렇게 말씀하십니다. '목마르다.'(요한 19,28) 군사들은 신 포도주를 듬뿍 적신 해면을 우슬초 가지에 꽂아 그분의 입에 대어 드립니다. 예수님께서는 신 포도주를 드신 다음 외치십니다. '다 이루어졌다.'(요한 19,30) 주님께서 크게 소리치실 때 성전 휘장이 찢어지고 땅이 진동합니다. '아버지, 제 영을 아버지 손에 맡깁니다.'(루카 23,46) 그러고는 숨을 거두십니다.

희생을 사랑하십시오. 그것은 내적 생활의 원천입니다. 십자가를 사랑하십시오. 그것은 희생의 제단입니다. 고통을 사랑하십시오. 그리스도께서 그러셨던 것처럼 성작에 남은 마지막 찌꺼기를 마실 때까지 고통을 사랑하십시오.[1]

---

[1] 십자가의 길, 11~12처.

# 부활

"그날 곧 주간 첫날 저녁이 되자, 제자들은 유다인들이 두려워 문을 모두 잠가 놓고 있었다. 그런데 예수님께서 오시어 가운데에 서시며, '평화가 너희와 함께!' 하고 그들에게 말씀하셨다. 이렇게 말씀하시고 나서 당신의 두 손과 옆구리를 그들에게 보여주셨다. 제자들은 주님을 뵙고 기뻐하였다. 예수님께서 다시 그들에게 이르셨다. '평화가 너희와 함께! 아버지께서 나를 보내신 것처럼 나도 너희를 보낸다.' 이렇게 이르시고 나서 그들에게 숨을 불어넣으며 말씀하셨다. '성령을 받아라. 너희가 누구의 죄든지 용서해 주면 그가 용서를 받을 것이고, 그대로 두면 그대로 남아 있을 것이다.'" (요한 20,19-23)

"'그리스도께서 살아 계시다.' 이는 우리의 신앙을 의미로 가득 채우는 위대한 진실입니다. 십자가에서 돌아가신 예수님께서 부활하신 것입니다. 그분은 죽음을 이기셨습니다. 슬픔과 비통함과 어둠의 힘을 이기신 것입니다. '두려워하지 마라.'(마태 28,5) 라고 하며 천사들이 예수님의 무덤에 온 여인들에게 인사했습니다. '두려워하지 마라. 너희가 십자가에 못 박히신 나자렛 사람 예수님을 찾고 있지만, 그분께서는 되살아나셨다. 그래서 여기에 계시지 않는다.'(마르 16,6)

이날은 주님께서 만드신 날입니다. 그러니 다 함께 기뻐하고 즐거워합시다. 부활절은 기쁨의 시간입니다. 전례력상의 기간에만 국한되지 않는 기쁨, 진정으로 온전히 그리스도인의 가슴속에서 발견되는 기쁨입니다. 왜냐하면 그리스도께서 살아 계시기 때문입니다. 그분은 죽은 사람이 아니십니다. 우리에게 멋진 본 보기와 훌륭한 기억을 남기며 잠시 존재했다가 사라진 사람이 아니십니다. 그렇습니다. 그리스도께서는 살아 계십니다. 예수님은 임마누엘, 즉, 우리와 함께 계신 하느님이십니다. 그분의 부활은 하느님께서 당신의 자녀들을 버리지 않으심을 보여주는 것이며, 앞으로도 결코 우리를 버리지 않겠다고 약속하시는 것입니다. '어느 여인이 아직 젖도 물리지 않은 아이를 잊을 수 있겠는가? 자신이 배 아파 낳은 아들을 가련하게 여기지 않을 수 있겠는가? 설령 이들이 잊어버리더라도 나는 너희를 잊지 않겠다.' 그리고 하느님께서는 당신의 약속을 지키셨습니다. 하느님의 큰 기쁨은 여전히 인류의 자손들과 함께합니다.

그리스도께서는 당신의 교회 안에 살아 계십니다. 그분께서 이렇게 말씀하시는 듯합니다. '내가 진실로 너희에게 말한다. 내가 떠나가는 것이 너희에게 좋은 일이다. 만약 내가 가지 않으면 보호자이신 성령께서 너희에게 오지 않을 것이기 때문이다. 하지만 내가 가면 나는 성령을 너희에게 보낼 것이다.' 이것이 바로 하느님의 계획입니다. 예수님께서 십자가에서 돌아가시고, 우리에게 진리와 생명의 성령을 주셨습니다. 그리고 그리스도께서는 당신의 교회 안에 머무르고 계십니다. 성사 안에, 전례 안에, 강론 안에, 즉 교회가 하는 모든 일 안에 계시는 것입니다.

그리스도께서는 매일 우리가 받아 모시는 성체 안에 특별한 방법으로 우리와 함께 머무르십니다. 그러기에 미사는 그리스도인 삶의 중심이요, 원천입니다. 모든 미사에 그리스도께서 온전히 계십니다. 그분의 머리와 육신이 현존하십니다. 그리스도를 통하여, 그리스도와 함께, 그리스도 안에서, (Per Ipsum et cum Ipso et in Ipso) 그리스도는 '길'이십니다. 또한 그분은 중재자이십니다. 그러므로 우리는 그분 안에서 삶의 모든 것을 찾을 수 있습니다. 하지만 그분 밖에서 우리의 삶은 공허합니다. 예수 그리스도 안에서 '우리는 감히 하느님을 우리 아버지라고 말합니다.' 이는 예수님께서 그렇게 가르치셨습니다. 감히 하늘과 땅의 주님을 '우리 아버지'라고 부르는 것입니다. 성체 안에 살아 계시는 그리스도는 세상 안에 계시는 당신의 현존에 대한 보증이며 원천인 동시에 정점(頂點)입니다.

그리스도께서는 그리스도인들 안에 살아 계십니다. 우리의 신앙은 인간이 은총을 받아 '거룩하게 된다.'고 가르칩니다. 이를 '하느님으로 가득 차 있다'고 말합니다. 우리는 평범한 남녀들이며, 천사가 아닙니다. 우리는 살과 피로 이루어졌고, 감정과 열정, 슬픔과 기쁨을 가진 사람들입니다. '성스럽게 된다는 것, 하느님으로 가득 차 있다는 것'은 인간의 모든 일에 관계됩니다. 이는 마지막 날에 있을 부활을 미리 체험하는 것이기도 합니다. 그리스도께서는 죽은 이들 가운데서 부활하셨습니다. 이는 죽은 이들 가운데 처음 있는 일입니다. 한 사람에 의해 죽음이 닥쳐온 이후, 다시 한 사람에 의해 죽은 이들 가운데서 부활이 이루어졌기 때문입니다. 아담의 죄로 인해 모든 사람이 죽었다면, 그리스도 안에서 모두가 살게 된 것입니다. (1코린 15,20-22)

최후의 만찬 때 그리스도께서 당신 사도들에게 약속한 것처럼 그리스도의 삶은 곧 우리의 삶입니다. '나를 사랑하는 사람은 내 말을 잘 지킬 것이다. 그러면 나의 아버지께서도 그를 사랑할 것이며, 아버지와 나는 그를 찾아가 그와 함께 살 것이다.'(요한 14, 23) 그리스도인이 그리스도처럼 살아야 하는 이유가 바로 여기에 있습니다. 그리스도의 사랑을 자신의 사랑으로 만든 그리스도인은 바오로 사도처럼 외칠 수 있습니다. '이제는 내가 사는 것이 아 니라, 그리스도께서 내 안에 사시는 것입니다.'" (갈라 2,20)[1]

---

[1] 그리스도께서 지나가신다, 102-103.

# 승천

"열한 제자는 갈릴래아로 떠나 예수님께서 분부하신 산으로 갔다. 그들은 예수님을 뵙고 엎드려 경배하였다. 그러나 더러는 의심하였다. 예수님께서는 그들에게 다가가 이르셨다. '나는 하늘과 땅의 모든 권한을 받았다. 그러므로 너희는 가서 모든 민족들을 제자로 삼아, 아버지와 아들과 성령의 이름으로 세례를 주고, 내가 너희에게 명령한 모든 것을 가르쳐 지키게 하여라. 보라, 내가 세상 끝날까지 언제나 너희와 함께 있겠다.'"(마태 28,16-20)

"'그러나 성령께서 너희에게 내리시면 너희는 힘을 받아, 예루살렘과 온 유다와 사마리아, 그리고 땅 끝에 이르기까지 나의 증인이 될 것이다.' 예수님께서는 이렇게 이르신 다음 그들이 보는 앞에서 하늘로 오르셨는데, 구름에 감싸여 그들의 시야에서 사라지셨다."(사도 1,8-9)

"그리스도께서는 승천하셨습니다. 그러나 그분께서는 모든 정직한 인간들에게 구원받을 수 있는 특별한 능력을 주셨습니다. 그러므로 제가 이 세상이 거룩해질 수 있다는 것을 여러분께 반복해서 말씀드리고 있는 것입니다. 우리 그리스도인들에겐 세상을 성화(聖化)하기 위해 수행해야 할 특별한 역할이 있습니다. 우리는 인류가 세상을 더럽힌 죄의 상황들을 씻어내어 이 세상을 다시 깨끗하게 해야 합니다. 우리는 영적 봉헌으로 이 세상을 우리 주님께 바쳐야 합니다. 이 세상을 주님께 드리려면 당신의 은총과 우리의 노력을 통해 그분께서 받으실 만한 세상이 되도록 만들어야 합니다. 엄밀히 말하면, 모든 인간 존재는 초자연적인 중요성을 지닙니다. 왜냐하면 하느님의 말씀이 인간의 본성을 완성하셨으며, 당신께서 직접 지으신 이 세상을 축성하셨기 때문입니다. 세례 때 우리가 받은 위대한 소명은 그리스도와 함께 이 세상을 구원하는 것입니다. 위대한 사명이 우리를 기다리고 있습니다. 그래서 우리는 결코 소극적일 수 없습니다. 우리 주님께서 '내가 올 때까지 벌이를 하여라.'(루카 19,13) 라고 분명히 말씀하셨기 때문입니다.

주님께서 당신의 왕국을 온전히 이루시기 위해 다시 오실 때까지 기다리는 동안 우리는 긴장을 풀 여유가 없습니다. 하느님 나라를 전파하는 일이 교회에서 공식적인 직책을 가진 구성원들에게만 주어진 과업은 아닙니다. 물론 그들은 그리스도로부터 거룩한 힘을 받았습니다. 그렇지만 바오로 사도는 모든 그리스도인들에게 이렇게 말했습니다. '여러분은 그리스도의 몸이고 한 사람 한 사람이 그 지체입니다.'(코린 12,27)

그러면서 바오로 성인은 특별한 계명을 전했습니다. 우리가 해내야 할 일이 너무 많습니다. 지난 2천 년 동안 아무것도 하지 않았기 때문일까요? 그렇지 않습니다. 지난 세월 동안 많은 일이 이루어졌습니다. 우리 이전 세대의 성취를 평가 절하하는 것은 공정하지도 객관적이지도 않다고 저는 생각합니다. 어떤 사람들은 그렇게 하고 싶겠지만, 지난 이천 년 동안 많은 일들을 해냈습니다. 그 가운데는 매우 큰 성과도 있었습니다. 그러나 또 다른 실수들도 잦았으며, 그로 인해 교회가 설 자리를 잃기도 했습니다. 오늘날처럼 교회의 기반이 손상되기도 했습니다. 어떤 면에선 겁 많고 소심한 태도들이 나타나기도 했지만, 동시에 용기와 관대함이 넘쳐나기도 했습니다. 하지만 상황이 어떻든 간에 인류는 끊임없이 새로워지고 있습니다. 각 세대마다 하느님 자녀로서 자신들이 받은 소명의 위대함을 깨닫도록 도와주고, 하느님과 이웃에 대한 사랑의 계명을 수행하도록 가르치기 위해 계속 노력하는 일이 절실합니다."[1]

"저는 결코 정치에 관해 말하지 않습니다. 저는 열성적인 그리스도교인들이 '정치적 종교운동'을 결성하는 것에 찬성하지 않습니다. 만일 그런 운동들이 인간 활동의 모든 영역에서 그리스도의 정신을 전파하겠다는 열망에서 비롯됐다 하더라도, 그런 일을 하는 건 미친 짓일 것입니다. 우리가 해야 하는 일은 모든 사람의 마음에, 그가 누구이건 간에 그들의 마음속에 하느님을 모셔 놓는 것입니다. 그런 다음에 우리 함께 이야기하도록 노력합시다. 모든 그리스도인이 각자의 상황에서 스스로의 본보기와 언어를 통해 그들의 신앙을

---

1 그리스도께서 지나가신다, 120-121.

증언해야 한다고 말입니다. 여기서 각자가 처한 상황이란 교회에서의 위치, 시민사회에서의 지위, 그리고 그들이 수행하는 일에 따라 결정됩니다.

우리가 인간이라는 바로 그 사실로 인해 그리스도인은 세상에서 살아갈 완벽한 권리를 가집니다. 만약 그리스도인이 자기 마음속에 그리스도를 사시게 하고 그분의 다스림을 받는다면, 그는 자신의 모든 범위에서 우리 주님이 주시는 구원의 효과를 눈에 띄게 느낄 수 있을 것입니다. 그의 직업이 무엇이든 간에, 그의 사회적 위치가 높든 낮든 간에 말입니다. 왜냐하면 우리에게 중요한 성취로 보이는 것들이 하느님의 눈에는 아주 저급한 것일 수 있으며, 수준이 낮거나 별것 아니라고 우리가 부르는 것들이 그리스도교의 언어로는 거룩함과 섬김의 정점일 수 있기 때문입니다."[2]

---

2 그리스도께서 지나가신다, 183.

# 성령강림

"오순절이 되었을 때 그들은 모두 한자리에 모여 있었다. 그런데 갑자기 하늘에서 거센 바람이 부는 듯한 소리가 나더니, 그들이 앉아 있는 온 집 안을 가득 채웠다. 그리고 불꽃 모양의 혀들이 나타나 갈라지면서 각 사람 위에 내려앉았다. 그러자 그들은 모두 성령으로 가득 차, 성령께서 표현의 능력을 주시는 대로 다른 언어들로 말하기 시작하였다. 그때에 예루살렘에는 세계 모든 나라에서 온 독실한 유다인들이 살고 있었는데, 그 말소리가 나자 무리를 지어 몰려왔다. 그리고 제자들이 말하는 것을 저마다 자기 지방 말로 듣고 어리둥절해하였다." (사도 2,1-6)

"그때에 베드로가 열한 사도와 함께 일어나 목소리를 높여 그들에게 말하였다. '유다인들과 모든 예루살렘 주민 여러분⋯ (사도 2,14)' 베드로의 말을 받아들인 이들은 세례를 받았다. 그리하여 그날에 신자가 삼천 명가량 늘었다." (사도 2,41)

"성령의 장엄한 강림은 독립된 별개의 사건이 아니었습니다. 사도행전에서 성령님은 초기 그리스도교 공동체의 모든 생활과 생계 활동을 인도하고, 갈 길을 정해주고, 활기를 불어넣으셨습니다. 베드로 성인의 강론에 영감을 주신 분도, 사도들의 믿음을 굳세게 하신 분도, 사울과 바르나바를 먼 곳에 보내 예수님의 가르침을 전하는 새로운 길을 열어주신 분도 바로 성령님이신 것입니다. 한마디로 말해서, 성령님과 그분의 가르침은 세상 모든 곳에 계신 것입니다.

성경에서 우리가 보는 심오한 사실들은 결코 지나간 과거의 기억이 아닙니다. 이미 역사 속에 묻혀버린 교회의 황금기에 대한 추억도 아닙니다. 우리 각자의 나약함과 죄에도 불구하고, 그것은 오늘날 교회의 현실인 동시에, 모든 시대를 관통하는 교회의 현실이기도 합니다. '내가 아버지께 청하면, 아버지께서는 다른 보호자를 너희에게 보내시어, 영원히 너희와 함께 있도록 하실 것이다.'(요한 14 16). 예수님께서는 약속을 지키셨습니다. 그분은 죽은 이들 가운데서 부활하셨고, 하느님 아버지와 함께 계시며, 우리를 성화 (聖化)하고, 우리에게 생명을 주시기 위해 성령님을 보내신 것입니다."[1]

"성령의 뜻에 따라 산다는 것은 믿음과 희망과 사랑으로 살아간다는 의미입니다. 이는 곧 우리의 삶을 하느님께서 소유하셔서 우리 마음을 바꾸시며, 점점 더 우리가 당신을 닮도록 하시는 것입니다. 성숙하고 심오한 그리스도교의 삶은 즉흥적으로 만들어지는

---

[1] 그리스도께서 지나가신다, 127-128.

것이 아닙니다. 왜냐하면 그리스도인의 삶이란 우리 안에 하느님의 은총이 성장함으로써 얻어진 결과이기 때문입니다. 사도행전에서 우리는 단 한 문장으로 묘사된 '초기 그리스도교 공동체'를 만날 수 있습니다. '그들은 사도들의 가르침을 받고 친교를 이루며 빵을 떼어 나누고, 기도하는 일에 전념하였다.'(사도 2,42) 복음서의 '축약본'만을 실천하는, 그런 의무를 진 삼류 그리스도인은 없습니다. 우리는 모두 같은 세례를 받았습니다. 영적 재능과 인간적 상황들이 매우 다양하지만, 하느님께서 주신 선물인 하나의 신앙, 하나의 희망, 하나의 사랑을 나누어 주시는 분, 바로 그 하느님의 선물을 나눠주시는 분은 한 분이신 성령인 것입니다.

그러므로 사도 바오로가 던졌던 질문이 우리들 자신에게 적용될 수 있습니다. '여러분이 하느님의 성전이고 하느님의 영께서 여러분 안에 계시다는 사실을 여러분은 모릅니까?'(1코린 3,16) 이 말씀은 우리가 더욱 개인적이고 직접적인 방법으로 하느님과 마주할 수 있음을 뜻합니다. 불행하게도 어떤 사람들에겐 위로자이신 성령님이 엄청나게 낯선 미지의 존재입니다. 성령은 단순히 이름뿐인 존재가 아닙니다. 성령께서는 하느님 안에 계신 세 위격 중한 분이시며, 우리가 함께 얘기할 수 있고 그분의 삶을 우리가 더불어 살 수 있는 존재인 것입니다.

교회 전례 안에서 우리가 배운 대로, 우리는 단순하게 그리고 신뢰하며 성령을 대해야 합니다. 그렇게 하면, 우리는 주님을 더욱 잘 알게 될 것입니다, 동시에 우리가 그리스도인이 되었을

때 얼마나 큰 은사를 받았는지 온전히 깨닫게 될 것입니다. '거룩
하게 된다는 것, 즉 하느님으로 가득 찬다는 것'의 진리를, 그 위
대함을 알게 될 것입니다. 그것은 하느님 당신의 삶 안에서 이루
어지는 나눔인 것입니다."[2]

2 그리스도께서 지나가신다, 134.

# 부록
# 호세마리아 에스크리바 성인의 저서

호세마리아 에스크리바 성인은 전 생애에 걸쳐 수많은 저술 활동을 이어갔다. 간혹 그는 자신의 이름을 소리 나는 대로 읽으며 농담을 하곤 했다. "내 이름이 '에스크리바'인데, '에스크리보'로 읽으면 '나는 쓴다.'가 되죠." 그러나 그의 생애를 통틀어 출간된 저서들은 그의 활동에 비해 많지 않았다. 이는 그 자신이 스스로 나서서 유명인사가 되고 싶지 않았기 때문이다. 그럼에도 그의 생전에 또는 선종 직후에 나온 책들은 아직 수없이 재출간되고 번역되고 있다. 호세마리아 성인이 원했던 대로 수많은 사람에게 그리스도교 신앙의 빛과 온기를 전해주고 있는 것이다.

그의 저서들은 지금껏 널리 전파되어 사람들에게 읽히고 있지만, 아직 발간되지 않은 글들이 출판된 책들보다 훨씬 많으며 앞으로도 꾸준히 책으로 발간되어 빛을 볼 수 있을 것이다. 지금부터 설명할 저서들은 1930년대부터 1975년 성인이 선종할 때까지 오푸스데이 회원들에게 전해진 숱한 영성적 글과 편지들로 이루어져 있다. 주로 양성교육, 신학, 사목에 관한 내용이다. 이 글들을 읽어보면,

자신의 영적 아들과 딸들을 세심하게 인도하여 그리스도인으로 키워가는 영혼의 목자, 호세마리아 성인을 만나게 된다.

출판되지 않은 그의 글 중에는 자신의 영적 삶에 관해 적은 개인적인 기록들이 있다. 이를 보면 하나같이 하느님과의 영성적 친밀감이 넘쳐난다. 엄청난 양의 강론, 그리고 수많은 사람과 주고받은 서신 또한 아직 책으로 출간되지 않았다. 현재 우리가 만날 수 있는 그의 저서들 가운데 몇 편을 다음과 같이 간단히 정리했다.

# '길'

"가만히 내 말을 들어주오. 그 뜻을 곰곰이 생각해보오. 친구로서, 형제로서, 아버지로서, 내가 그대들에게 속삭이고 싶은 것들이라오. 지금 하느님께서 듣고 계실 것이오."

호세마리아 성인의 저서 가운데 가장 널리 알려지고 대중적으로 인기 높은 책 〈길〉은 이렇게 시작된다. 1939년에 출간되어 영성 서적의 고전이 된 이 책은 그의 첫 번째 저서이기도 하다. 그보다 몇 년 전 (1934년)에 '영적 성찰'이란 이름의 작은 책으로 나온 것을 새로 고쳐 썼다. 〈길〉은 모두 999개의 요점으로 구성되어 있는데, 그리스도인이 세상의 한가운데서 하느님의 자녀로 존재하고 행동하는 데 필요한 삶의 모든 측면을 망라하고 있다. (999개 항목으로 나눈 것은 삼위일체께 드리는 흠숭의 차원에서 3의 배수를 의도적으로 선택한 것이다) 이 책은 개인의 '성격'을 다루는 장 (章)으로 시작하여, 마지막 장에선 '사도직'으로 끝맺는다. 〈길〉은 그리스도인의 기도와 일, 미덕에 관해 총체적으로 다루고 있으며, 서문에 이 책을 저술한 이유가 명시되어 있다.

"저는 단지 그대의 기억을 잠시 흔들어줄 뿐인데, 그대에게 어떤 생각을 불러일으켜 그대를 감동하게 할까요. 아름다운 인생을 시작해 보십시오. 기도와 사랑의 길을 떠나 보십시오. 그러면 결국 당신은 더욱 아름다운 영혼이 될 것입니다."

호세마리아 성인은 1966년 르 피가로와의 인터뷰에서 이렇게 말했다. "저는 이 책의 대부분을 썼습니다. 1934년, 오푸스데이 회원이든 그렇지 않든 제가 만나는 모든 사람에게 도움이 되고자 사제로서의 제 경험을 요약한 것입니다. 이 책은 오푸스데이 회원들만을 위한 책이 아닙니다. 그리스도인이든 아니든 상관없이 모두를 위해 쓴 것입니다. 〈길〉은 최소한 초자연적 영성과 내적 생활, 그리고 사도적 느낌으로 읽혀야 합니다. 이 책은 활동가에게 맞는 책은 아닙니다. 이 책의 목적은 사람들이 하느님의 친구가 되도록, 그분을 사랑하고, 세상 모든 사람을 섬기도록 돕는 것입니다."

〈길〉은 2020년까지 52개 이상의 언어로 번역되어 총 505만부 이상이 판매되었다.

# '밭고랑'

　　호세마리아 성인은 1950년 판 〈길〉의 서문에서 새로운 저서인 〈밭고랑〉이 출간될 것이라고 독자들에게 약속했다. 이 책의 자료들은 장 (章)별로 제목을 달아 작성되고 정리되었는데, 묵상의 요점들과 문체상의 수정사항들만 번호가 매겨져 남아 있었다. 호세마리아 성인이 출간을 약속했음에도 불구하고, 〈밭고랑〉은 성인이 선종한 후인 1986년에야 발간되었다. 오푸스데이를 설립하고 관리하는 고된 일 외에도, 성인의 사목활동과 교회에 봉사하는 다른 업무들로 인해 생전엔 출간이 어려웠던 것이다.

　　〈밭고랑〉은 〈길〉과 마찬가지로 호세마리아 성인의 영성적 삶의 결실이자 사람들과 더불어 나눈 경험의 산물이다. 이 책은 1,000개의 짧은 요점들로 구성되었는데, 우리 영혼이 말씀의 씨앗을 받아들일 준비를 하기 위해 영성적으로 땅을 일구고, 밭고랑을 갈아야 한다는 내용이다. 이는 호세마리아 성인에게 매우 소중한 생각이었다.

"나의 독자와 친구 여러분, 여러분의 영혼이 인간의 미덕들을 관상 (觀想)할 수 있도록 제가 돕게 해주십시오. 하느님의 은총이 인간의 본성에 임하시기 때문입니다." 이 책에서 호세마리아 성인은 인간의 본성에 깃든 덕목들 안에서 하느님께 받은 미덕들을 설명한다. 초자연적 측면에서 볼 때, 선 (善)을 위해 일하는 데 있어서 인간의 자질들이 꼭 필요하다는 것이다.

오푸스데이의 첫 번째 승계자 알바로 델 포르티요는 서문에 이렇게 썼다. "에스크리바 몬시뇰의 가르침은 그리스도교의 완벽함을 인간적인 측면에서, 그리고 하느님의 측면에서 하나로 모아 줍니다. 강생하신 말씀에 대한 가톨릭의 가르침이 깊이 알려져 사랑받고, 또한 열정적으로 살아질 때 반드시 그렇게 되는 것입니다. 그 즐거운 현실의 실용적이고도 필수적인 결과가 〈밭고랑〉 안에 명확히 그려져 있습니다."

이 책은 2020년까지 19개 언어로 번역되어 총 54만 부가 판매되었다.

# '사랑의 담금질'

    1987년에 출간된 〈사랑의 담금질〉은 호세마리아 에스크리바 성인의 영성적 해석들을 모아 놓은 책이다. 〈길〉에서 시작되어 〈밭고랑〉으로 이어지는 총 3부작의 완결편인데, 우리들 각자가 더 쉽게 기도할 수 있도록 도와주는 것을 목표로 삼았다. 구조면에서 두 책과 비슷하며, 13장으로 정리된 총 1,055개의 요점으로 구성되었다. 이 책은 그리스도와 일치하기 위한 영혼의 여정에 초점을 맞추고 있다. 저자의 서문이 이 책의 목적을 명쾌하게 담아냈는데 내용은 다음과 같다.

    "보라! 저 거룩하시고 탄복할 성모님! 모후이시여! 이 세상의 여느 어머니와 같이 어린 아드님을 이렇게 부르시네! 나의 왕자님, 나의 임금님, 나의 보화, 나의 태양! 성모님! 저 당신을 생각해요. 문득 의아한 것이, 왜 아버지의 마음속에는 모성애가 자리 잡고 있지 않은지요?"

"좋으신 어머니, 그러하기에 당신을 더욱더 가슴 깊이 사무치게 그리게 되옵니다!"

"당신은 온갖 보화보다 더 귀하신 분, 저 하늘의 태양보다 더 빛나시옵니다! 그리스도의 몸속에 흐르는 모든 성혈, 성혈! 바로 어머니, 당신의 것!"

"내 어찌 천연 원석 순금 (純金)인 그대의 영혼을 취하지 않을쏘냐? 불과 끌의 시련과 사랑의 담금질을 통하여 고순도의 금으로 정제시켜 마침내 나의 주님이시며 그대의 주님이신 하느님께 오롯이 봉헌해 드리기 위한 온갖 수고를 감내하지 않겠는가?"

〈사랑의 담금질〉은 2020년까지 한국어도 포함되어 25개 언어로 번역되어 총 59만 부 이상 판매되었다.

# '거룩한 묵주기도'

  호세마리아 성인은 1931년 12월의 어느 아침, 미사를 집전한 직후
이 작은 책을 단번에 써 내려갔다. 예수님과 성모님의 삶의 신비를 묵상
하는 자신의 방식과 묵주기도를 드리는 방법의 예를 책에 쏟아부었다.
그 당시 오푸스데이의 젊은 설립자는 망토를 입고 묵주를 만지작거리
며 마드리드의 이곳저곳으로 사목 방문을 하고 있었다. 그는 묵주기도
의 15가지 신비를 관상 (觀想)하는 기도에 깊이 잠겨 있었다. 그것은 자
신을 버리고 어머니의 품에 안기고자 하는 한 아이의 기도였다. 당시 그
에게는 더욱더 큰 힘이 특별히 필요했기 때문이었다.

  관상(觀想)과 영성적 유년기는 이 책을 뒷받침하는 두 개의 견고한
기둥이다. "나는 그들에게 비밀을 말해야 합니다. 그것이 그리스도께서
그들이 당신을 따르기를 바라는 길의 시작일 수도 있습니다. 내 친구여,
그대가 위대해지고 싶다면, 작아지십시오. 작아지기 위해서는 아이들
이 믿는 것처럼 믿어야 하고, 아이들이 사랑하는 것처럼 사랑해야 하며,
아이들이 그리하듯이 자신을 버려야 하고, 아이들이 기도하듯이 기도
해야 합니다. 이 책에서 제가 그대에게 이야기할 것들을 그대가 이루려
면, 이 모든 것들을 해야만 합니다. 이 길의 시작은 성모 마리아께 대한

믿음 가득한 사랑입니다. 그러면 그대는 이 길의 끝에서 그리스도를 향한 사랑에 온통 휩싸여 있는 자신을 발견하게 될 것입니다."

관상 (觀想)이란 마치 그 현장에 존재하는 또 한 명의 인물처럼 내적으로 신비에 동참하는 것이다. "우리는 예수님의 숨겨진 30년의 세월을 감탄하며 바라볼 것입니다. 우리는 그분의 수난과 죽음의 현장에 있을 것입니다. 우리는 부활의 영광 앞에 경외감에 빠집니다." 이것이 바로 견고하게 성경에 기반을 둔 묵주기도이다.

이 책의 놀라운 점은 때로는 시적이기까지 한 문학적 우수함에 있다. 호세마리아 성인은 독자들과의 만남 후 헤어지면서 이렇게 털어놓았다. "나의 벗이여, 나는 내가 간직한 비밀 일부를 이야기했습니다. 나머지를 발견하는 것은 여러분에게 달렸습니다. 하느님의 도움을 받아서 말이죠. 용기를 내십시오. 충실하십시오. 그리고 작아지십시오. 우리 주님께서는 오만한 자들에게는 몸을 숨기시고, 겸손한 이들에게는 당신 은총의 보물을 드러내십니다. 여러분이 생각하기에 대담하고 유치한 말과 애정이 마음속에서 생겨나더라도 걱정하지 마십시오. 그것이 바로 예수님께서 원하시는 것입니다. 성모 마리아께서 여러분을 격려하고 계십니다. 여러분이 이렇게 묵주기도를 드린다면, 기도를 잘하는 방법을 배우게 될 것입니다."

〈거룩한 묵주기도〉는 2020년까지 35개 언어로 번역되어, 총 131만 부 이상이 판매되었다.

# '십자가의 길'

"나의 주님, 그리고 나의 하느님, 우리는 성모님의 사랑 넘치는 눈 아래에서 우리 구원을 위한 대가였던 이 슬픔의 길을 따라 당신을 수행할 마음의 준비를 하고 있습니다. 당신께서 고통받으신 모든 것을 우리가 그대로 다 당하고, 당신께 우리의 보잘것없고 하찮은 심정을 봉헌하기 원합니다. 왜냐하면 우리야말로 죄지은 자들인데도 무죄하신 당신께서 우리를 위해 죽으러 가시기 때문입니다. 나의 성모님, 슬픔의 동정녀시여, 당신 아드님께서 지상에서 보내시기를 원하신 그 고통의 시간들을 제가 다시 살아보도록 도와주시옵소서. 당신 아드님께서 그 시간을 지상에서 보내시기를 원하신 것은, 한 줌의 흙으로 만들어진 우리를 하느님 자녀의 자유와 영광 속에서 (in libertatem gloriae filiorum Dei) 마침내 살게 하시기 위해서였습니다."

호세마리아 성인이 지은 이 '도입 기도'는 이 책의 존재 이유를 그대로 요약하고 있다. 〈십자가의 길〉은 〈거룩한 묵주기도〉처럼 관상 (觀想)을 위한 책이다. 독자들은 예수님을 따라서 14처를 지나며 그리스도의 고통 안에 깃든 구원의 사랑을 경이 (驚異)와 통회 (痛悔)의 시선으로 주시한다. 각 처에 대한 설명 뒤엔 묵상을 위한 여러 요점이 이어진다.

이 책의 머리말에서 알바로 델 포르티요는 호세마리아 성인이 그리스도인들에게 권하는 바를 이야기한다. 예수님의 발자국을 되짚어 십자가의 길을 따라가고, 그러기 위해서 십자가에 못 박히신 예수님의 상처 안으로 들어가라는 것이다. 우리에게 이렇게 권고하는 호세마리아 성인에 관해 알바로 델 포르티요는 다음과 같이 설명한다. "호세마리아 성인은 자기 자신의 경험을 전달할 뿐이며, 자기가 일생을 계속 사용해왔고, 또한 그럼으로써 영적 생활의 최고봉에까지 자신을 이끌어가게 해준 지름길을 가르쳐주었을 뿐입니다. 예수님께 대한 그의 사랑은 언제나 명백하고 굳세며, 온유하고 효성스럽고, 감동적인 실제 생활이었습니다."

〈십자가의 길〉은 1981년에 발간되어 2020년까지 30개 언어로 번역되었으며 총 53만 부가 팔렸다.

# '그리스도께서 지나가신다'

　1973년, 호세마리아 성인은 자신의 강론을 더욱 풍부하게 하려고 이 책을 준비했다. 〈그리스도께서 지나가신다〉는 1951년부터 1971년 사이, 대림 시기에서 그리스도 왕 대축일에 이르는 전례력상의 축일에 따라 설교한 18편의 강론으로 구성되어 있다.

　말씀과 삶, 이 책은 그리스도교 진리의 핵심을 간단명료하게 설명한 것으로 유명하다. 성경의 모든 말씀은 지식이 아닌 삶의 방식으로 우리에게 영감을 준다는 것이다. 더 정확하게 말하면, 〈그리스도께서 지나가신다〉는 신학적 논문으로 쓰인 책이 아니다. 그렇지만 이 책은 우리를 구원하시는 진리 속으로 깊이 파고들며, 책을 읽는 모든 사람도 그렇게 다가갈 수 있도록 이끌어준다. 누군가 이 책에 나오는 강론들을 하나로 이어주는 연결고리를 찾아낸다면, 그것은 틀림없이 '하느님의 자녀'일 것이다. '나는 하느님의 자녀입니다.' 이것이야말로 세상 한가운데를 가로지르는 그리스도인의 삶을 이끌어갈 수 있는 놀라운 진실이다.

이 책엔 그리스도교의 위대한 화두들이 가득 담겨 있다. 그리스도교의 소명, 예수 그리스도의 모범, 하느님의 부르심으로서의 결혼, 성화 (聖化)와 사도직을 수행하는 방법으로서의 직업 (노동), 하느님 자녀들의 자유, 수덕 (修德)을 위한 분투, 성체, 성령, 그리고 복되신 어머니. 첫 강론의 시작에서부터 이 책을 읽는 순간마다 강론 중에 우리를 격려하는 성인의 온화한 목소리를 알아들을 수 있다. '주님, 당신의 길을 제게 알려 주시고 당신의 행로를 제게 가르쳐 주소서.'(시편 25,4). 우리는 주님께 우리를 인도해달라고, 당신의 발자국을 보여 달라고 간청함으로써 그분이 주신 계명을 완수하기 위해 길을 나설 수 있다. 그것이 바로 사랑 (愛德)이다.

〈그리스도께서 지나가신다〉는 2020년까지 한국어도 포함되어 22개 언어로 번역되어 총 60만 부 이상 판매되었다.

# '하느님의 친구들'

　　이 책은 호세마리아 성인이 평범한 그리스도인들에게 강론한 '평범한 삶에 대한 찬양'이다. 평범한 삶을 사는 그들을 위해 하느님께서 준비하신 비범하고 놀라운 것들에 관한 이야기이다. 〈하느님의 친구들〉은 호세마리아 성인이 선종한 후에 출간된 첫 저서이다. 1977년에 발간된 〈하느님의 친구들〉은 1941년부터 1968년 사이에 설교했던 18편의 강론들을 모아 두었다. 이 책은 호세마리아 성인의 기본적인 영감에 따라 그리스도교 영성의 중요한 주제들을 다뤘다. 즉, 일상생활의 위대함, 하느님의 선물인 자유, 하느님이 주신 타고난 덕목들, 겸손, 내려놓음, 순결, 기도, 믿음, 애덕, 사도직 등이 바로 그것이다. 그는 명확하고 간결하면서도 자애로운 언어로 평범한 그리스도인들에게 이야기한다. 정확하게 말하면, 호세마리아 성인은 그리스도인들에게 관상 (觀想)의 높은 목표를 제시하고 있다. 그는 모든 사람이 자격에 구애받지 않고 거룩해지기 위한 노력을 할 수 있으며, 또한 꼭 그래야만 한다는 확신을 가지고 있었다.

"제가 하느님과의 항구한 일치를 권고하는 것이 대부분의 그리스도인에게는 도달할 수 없는 숭고한 이상을 제시하는 것일까요? 물론 목표는 높습니다. 하지만 도달할 수 없는 것은 아닙니다."

"처음의 간단한 기도에 이어, 기도하고 또 기도합니다. 우리의 열정이 부족하다고 느낄 때까지 기도합니다. 사실, 말은 너무나 빈약합니다. 그런데 이렇게 함으로써 하느님과 긴밀한 관계에 접어들게 되며, 피곤도 느끼지 않고 쉴 필요도 없이 하느님을 바라봅니다. 우리는 유배된 사람처럼, 감옥에 갇힌 사람처럼 살기 시작합니다. 그리고 우리의 상황과 소임에 따라 할당된 일들을 최대한 완벽하게 이행하는 한편, 우리의 영혼은 탈출을 갈망합니다. 자석에 이끌리는 쇠와 같이 우리 영혼은 하느님께 이끌립니다. 우리는 이전보다 더욱 효과적인 방법으로, 달콤하고 우아한 놀라움 속에서 예수님을 만나고 사랑하기 시작합니다."

그리스도인들은 자신들의 삶에서 그런 놀라운 열망을 키워 가는 데 어떤 기초, 어떤 근거를 가지고 있는가? 알바로 델 포르티요는 서문에서 이렇게 답했다. "그 대답은 이 책에 실린 강론들에서 마치 후렴처럼 거듭 반복됩니다. 이는 자기 자신이 가난하고 미약하다는 사실을 아는 사람, 하느님의 자녀라는 진실을 깨달은 사람만이 가진 겸손한 대담성입니다."

〈하느님의 친구들〉은 2020년까지 25개 언어로 번역되었으며 총 49만 부 이상 판매되었다.

# '교회와의 사랑'

　　이 책의 핵심은 호세마리아 성인이 1972년과 73년에 교회와 관련된 주제로 설교한 세 개의 강론들이다. 이 시기는 제2차 바티칸 공의회 이후의 혼란 때문에 그가 큰 고통을 겪을 때였다. 〈교회와의 사랑〉이란 제목은 그리스도의 배우자인 교회를 자녀 된 마음으로 사랑하는 성인의 마음을 담고 있다.

　　첫 강론인 '교회에 대한 충성'은 교회의 특징인 하나이고 거룩하며 보편된 사도로서의 교회에 관해 숙고한다. 두 번째 강론인 '교회의 초자연적인 목표'는 구원의 보편적 성사로서의 교회에 경의를 표하면서, 순전히 인간의 목적을 위해서 교회를 제한하려는 시도들을 거부하고 있다. 세 번째 강론 '영원한 사제'는 가톨릭 성직자의 본성과 필요성, 존엄성, 미사와의 관계, 그리고 교회 안에서 성직자와 평신도의 관계에 대해 깊이 생각한다.

　　이 세 강론은 성인이 선종하기 전에 따로 출간되었으며, 1985년에 '교회를 사랑하다'라는 스페인어 제목으로 재편집되어 선보이

기도 했다. 또한 두 권의 영어 번역판이 두 개의 다른 이름으로 출판되었는데, 하나는 '교회와의 사랑'이고, 또 하나는 '하느님의 집에서'이다. 이 두 권의 영어 번역판에는 '에스크리바 몬시뇰과의 대화'라는 책에 들어 있는 성인의 강론 '이 세상을 열정적으로 사랑하며'의 개정 번역본이 추가되었으며, 호세마리아 성인 선종 10주년 기념일을 맞아 알바로 델 포르티요가 쓴 에필로그가 덧붙여졌다.

〈교회와의 사랑〉은 2020년까지 10개 언어로 번역되었으며 총 5만 8천부 이상 판매되었다.

# '에스크리바 몬시뇰과의 대화'

　　호세마리아 성인은 제2차 바티칸 공의회 이후 몇 년 동안 타임, 르 피가로, 뉴욕 타임즈 등 전 세계의 다양한 신문, 잡지들과의 인터뷰를 진행했다. 이 인터뷰에서 오푸스데이의 설립자인 호세마리아 성인은 대학의 사명, 교회와 사회에서 여성의 역할, 오푸스데이의 특성과 사도직 등을 포함한 수많은 주제에 관해 이야기했다.

　　이 인터뷰들은 그의 초자연적인 감각과 특유의 따뜻함, 그리고 이상을 지키고 대화로 손을 내미는 자유에 대한 사랑을 보여준다. 이 인터뷰들 가운데 7편이 〈에스크리바 몬시뇰과의 대화〉라는 이름으로 모였으며, 여기에 1967년 나바라 대학교 캠퍼스에서 설교한 그의 유명한 강론인 '이 세상을 열정적으로 사랑하며'가 한데 묶여 1968년 출간되었다.

　　〈에스크리바 몬시뇰과의 대화〉는 2020년까지 13개 언어로 번역되어 총 35만 부 이상이 판매되었다.

# 호세마리아 에스크리바 성인
## 오푸스데이의 설립자

### 기도문

주님, 거룩하신 동정녀 마리아를 통하여 당신의 종 호세마리아 성인에게 무수한 은총을 베푸셨나이다. 그를 오푸스데이의 설립을 위한 가장 믿음직한 도구로 선택하시어 저희들의 일상 의무와 그리스도인으로서의 역할을 완전히 수행함으로써 거룩함에 이르는 길을 가르쳐 주셨나이다. 주여, 구하오니, 저희가 살아가는 매 순간마다 기쁘고 단순한 마음으로 당신을 사랑할 수 있게 하시고 교회와 교황님 그리고 모든 영혼을 위해 봉사함으로써 믿음과 사랑의 빛으로 세상의 모든 길을 비추게 하소서. 호세마리아 성인을 통하여 저희가 구하는 기도를 들어 주소서(여기에 기도지향을 넣으세요). 아멘.

주님의 기도, 성모송, 영광송

더 많은 정보는:

www.ko.escrivaworks.org
www.opusdei.or.kr